*An dieser Stelle möchten wir
Louise Malacket und Denise Paratte für
ihre wertvolle Mitarbeit danken.*

»Nun hat man uns zwar beigebracht,
dass wir mit leeren Händen dastehen würden,
wenn wir loslassen, doch beweist uns das Leben
selbst in jedem Augenblick das Gegenteil:
Loszulassen ist der Weg zu wahrer Freiheit.«
SOGYAL RINPOCHE

»Wer bist du?«, fragte die Raupe. […]
Alice antwortete, etwas befangen: »Ich – ich weiß
es nicht recht, diesen Augenblick – vielmehr ich
weiß, wer ich heut früh war, als ich aufstand;
aber ich glaube, ich muss seitdem
ein paar Mal verwechselt worden sein.«
LEWIS CARROLL, *Alice im Wunderland*

ROSETTE POLETTI & BARBARA DOBBS

Los-lassen

Der Weg zu einem befreitem Leben

SCORPIO

Die Originalausgabe ist 1998 unter dem Titel
Lâcher prise. Dire oui à la vie
bei Éditions Jouvence, S.A., Chemin du Guillon 20,
Case 184, CH-1233 Bernex erschienen.
www.editions-jouvence.com
info@editions-jouvence.com

© 1998 Rosette Poletti & Barbara Dobbs
© der deutschsprachigen Ausgabe:
2014 Scorpio Verlag GmbH & Co. KG, München
Übersetzung: Elisabeth Liebl, München
Umschlaggestaltung: Hauptmann & Kompanie
Werbeagentur, Zürich
Layout und Satz: Veronika Preisler, München
Druck und Bindung: Print Consult, München
ISBN 978-3-943416-94-7
Alle Rechte vorbehalten.
www.scorpio-verlag.de

Inhalt

Vorwort 7

Einleitung 8

1 Loslassen, was uns am Loslassen
hindert   13

2 Unsere Glaubenssätze und
Gewohnheiten hinterfragen   19

Die vier Grundverbote des Seins 20

Die vier Grundverbote des Fühlens 21

Die vier Grundverbote des Handelns 23

Die fünf Antreiber 25

Die Fesseln hinderlicher Botschaften abstreifen 27

3 Loslassen, was uns das Leben
schwer macht   40

Co-Abhängigkeit überwinden 40

Überholte Ziele loslassen 47

Negative Gefühle gehen lassen 52

Sich von Groll befreien 55

Belastende Glaubenssätze transformieren 60

Die eigenen Erwartungen ändern 68

4 Rituale, die das Loslassen erleichtern 73

Totenriten 74
Scheidungszeremonien 75
Rituale für das Loslassen im Alltag 88

5 Mithilfe des Visualisierens leichter loslassen 93

Anleitung zum erfolgreichen Visualisieren 95
Ausgewählte Beispiele für Visualisierungen 97
Sorgen und Ängste einer »höheren Macht«
übergeben 100

6 Loslassen und Spiritualität 102

Sich von Gewissheiten lösen 103
Loslassen, was nicht zu unserem Wesenskern
gehört 105
Sich frei machen von Werturteilen 106

Schlusswort 108
Literatur 109

Vorwort

Loslassen zu können – das heißt, Überholtes aufzugeben und auf Neues, Kommendes zuzugehen – ist eine der wichtigsten Fähigkeiten, die wir im Leben brauchen.

Nun gibt es ebenso viele Erklärungen dafür, was unter »loslassen« zu verstehen ist, wie praktische Methoden, dies zu erreichen. Zahlreiche Autoren oder Therapeuten haben ihren Weg des Loslassens gefunden und ihr Wissen darüber weitergegeben.

Einige dieser Erkenntnisse, die uns zeigen, wie es uns gelingen kann, loszulassen, und wie wir Hindernisse auf dem Weg dorthin überwinden können, stellen wir Ihnen auf den kommenden Seiten vor. Daneben gibt es zahlreiche andere Ansätze. Der Grund, warum wir gerade die im Folgenden vorgestellten Methoden ausgewählt haben, ist schlicht der, dass wir selbst und all die Menschen, die wir therapeutisch begleiten, bereits damit gearbeitet und von ihnen profitiert haben.

Es ist uns ein Herzensanliegen, dass Ihnen dieses Buch ein Helfer werden möge auf Ihrem Weg zu mehr Freiheit – dazu, alles loszulassen, was Sie einengt, bedrückt und blockiert, um Schritt für Schritt das ganze Potenzial Ihres Menschseins zu entfalten.

Einleitung

Alle großen spirituellen Traditionen verweisen nachdrücklich auf die Tatsache der Vergänglichkeit. »Nichts ist von Dauer, nur der Wandel«, sagt die Kabbala. »Das Phänomen der Vergänglichkeit korrekt zu verstehen heißt, ihre tiefe Bedeutung zu begreifen«, schreibt der Dalai Lama.

Tag folgt auf Tag, Ereignis um Ereignis wird zum Eintrag im Buch der Geschichte. Was einst war, ist nun nicht mehr, und nichts bleibt auf Dauer gleich. In diesem Strom der Vergänglichkeit treibend, klammern wir uns in der Regel mit aller Kraft an das, was greifbar ist: unsere Glaubenssätze, unsere Werte, unsere Ansichten, unsere Lieben, unseren Besitz, unsere Gesundheit, unsere Arbeit, unsere Sicherheit.

Aus Angst vor der Vergänglichkeit tun wir alles, um uns und unser Umfeld möglichst gut »unter Kontrolle« zu haben und diese auch nicht zu verlieren. Wir versuchen alle auf die eine oder andere Art, unsere Mitmenschen zu beeinflussen, die Ereignisse in unserem Leben zu steuern und den Lauf unseres Schicksals zu bestimmen.

Das stetige Streben danach, uns und unsere Umwelt »in den Griff zu bekommen«, führt dazu, dass wir unsere innere Ruhe und Heiterkeit verlieren.

Wir verzehren uns und unsere Kraft in der Illusion, eines Tages völlige Macht über unser Dasein zu gewinnen.

Diese Illusion ist der Grund, warum viele von uns so sehr von Angst, Anspannung und Enttäuschung geplagt werden.

Tief in uns spüren wir zwar diese dunkle Sehnsucht nach etwas anderem, nach einer anderen Art zu leben, nach innerem Frieden, doch vermögen wir nicht, ihn zu finden.

Dabei gibt es durchaus Möglichkeiten, wie man diese Heiterkeit und diese innere Harmonie erlangen kann. Viele Wege führen zu diesem Ziel, doch der Königsweg dorthin ist das Loslassen.

Loslassen – eine Begriffsklärung

In den Wörterbüchern findet man keine erschöpfende Definition des Begriffes »loslassen«, der ein so weites Feld an Handlungen abdeckt, wie wir es auf den folgenden Seiten zu beschreiben versuchen.

Dem Duden zufolge bedeutet »loslassen«: *nicht mehr festhalten, freilassen, der Fesseln entledigen.* Woxikon, das Online-Wörterbuch für Synonyme, fügt noch *freigeben* und *gehen lassen* hinzu.

»Loslassen« in unserem Zusammenhang bedeutet, uns für das zu öffnen, was kommt, unsere Interpretation der Dinge zu ändern. Manchmal ist »loslassen« auch gleichbedeutend mit »Abschied nehmen« oder »unseren Verlust betrauern«. Und ein anderes Mal kann es heißen, zu verzeihen und unsere Aufmerksamkeit wieder dem Hier und Jetzt zuzuwenden.

Loslassen

Loslassen heißt nicht, anderen gegenüber gleichgültig zu sein, sondern uns einzugestehen, dass wir nicht für sie erledigen können, was sie selbst tun müssen.

Loslassen heißt nicht, alle zwischenmenschlichen Bindungen zu durchtrennen, sondern uns bewusst zu machen, dass wir andere nicht kontrollieren können.

Loslassen heißt nicht, untätig zu verharren, sondern aus dem, was uns widerfahren ist, zu lernen und uns weiterzuentwickeln.

Loslassen bedeutet, uns einzugestehen, dass wir im Grunde machtlos sind und dass es nicht in unserer Hand liegt, wohin die Dinge sich entwickeln.

Loslassen heißt nicht, anderen Vorwürfe zu machen oder an ihnen herum zu erziehen, sondern unser Bestes zu geben.

Loslassen heißt nicht, andere zu bemuttern, sondern Anteil an ihrem Leben zu nehmen.

Loslassen heißt nicht, anderen ständig »beizuspringen«, sondern ihnen Mut zu machen.

Loslassen heißt nicht, andere zu verurteilen, sondern ihnen das Recht zuzugestehen, ein Mensch mit Stärken und Schwächen zu sein.

Loslassen heißt nicht, für andere immer die Feuerwehr zu spielen, sondern sie ihre Angelegenheiten selbst regeln zu lassen.

Loslassen heißt nicht, andere ständig zu behüten, sondern sie ihre eigenen Erfahrungen machen zu lassen.

Loslassen heißt nicht ablehnen, sondern annehmen.

Loslassen heißt nicht, andere ständig zu tadeln oder mit dem erhobenen Zeigefinger zu drohen, sondern seine eigenen Schwächen zu erkennen und abzulegen.

Loslassen heißt nicht, sich alles nach eigenem Gutdünken zurechtzubiegen, sondern alles so zu nehmen und zu schätzen, wie es kommt.

Loslassen heißt nicht, andere zu kritisieren oder ändern zu wollen, sondern unsere Kraft darauf zu konzentrieren, die Person zu werden, die wir gern sein möchten.

Loslassen heißt nicht, der Vergangenheit nachzutrauern, sondern mit dem Blick auf das Kommende zu leben und zu wachsen.

Loslassen bedeutet, weniger Angst zu haben und mehr zu lieben.

Herkunft unbekannt

1

Loslassen, was uns am Loslassen hindert

Im Laufe unseres Lebens entwickeln wir die unterschiedlichsten Glaubenssätze, Verhaltensmuster und Ängste. Wir malen uns alle möglichen Schicksalsschläge und Unglücksfälle aus und versuchen – um uns davor zu schützen –, möglichst weitgehend die Kontrolle über unsere Mitmenschen und unsere Umwelt zu bekommen.

Dabei akzeptieren wir oftmals unhinterfragt Grenzen, die lediglich in unserem Kopf bestehen, und ächzen unter der Last dessen, was wir für unentrinnbare Knechtschaft halten. Darin gleichen wir den gezähmten Elefanten Nordindiens. Dort ist es üblich, ein neugeborenes Elefantenkalb mit einem Fuß an einem Baum festzubinden. Natürlich versucht es mit aller Kraft, den Strick, der es an den Baum fesselt, zu zerreißen, gibt aber nach einigen erfolglosen Versuchen auf und akzeptiert seine Fessel. Nun tauscht man den Strick gegen einen eisernen Fußring und eine Kette aus. Nach einigen Wochen wird die Kette schließlich überflüssig, da der Elefant »gelernt« hat, dass er angekettet ist, und gar nicht mehr versucht zu fliehen. Bis zu seinem Tod bleibt er ein Gefangener seiner vermeintlichen Fessel und seines andressierten Verhaltens, während sein Fuß schon längst nicht mehr angekettet ist.

Das *erste und häufigste Hindernis,* das es uns so schwer macht loszulassen, sind also unsere Glaubenssätze und Gewohnheiten. Deren Ursprung ist vor allem in den Botschaften zu suchen, die wir als Kinder und Jugendliche von unserer Umwelt empfangen haben. Diese Überzeugungen graben sich im Laufe der Jahre immer stärker in unser Denken ein, da wir die Tendenz haben, unsere Wahrnehmung so zu filtern, dass wir sie bestätigt sehen. Glauben wir z.B., dass wir mit unserem Partner nicht harmonisch zusammenleben können, so neigen wir dazu, die glücklichen Momente auszublenden und unser Augenmerk vor allem auf die Spannungen zu richten, die uns bestätigen, dass unsere Sicht der Dinge stimmt.

Das *zweite Hindernis,* das uns nicht loslassen lässt, ist, dass wir unser Glück gern von äußeren

Umständen abhängig machen: Wenn unsere Kinder einen guten Beruf haben und glücklich verheiratet sind, dann sind wir ebenfalls glücklich. Wenn unser Partner uns die Aufmerksamkeit schenkt, die wir uns wünschen, sind wir zufrieden. Wenn wir befördert werden, dann laufen die Dinge gut für uns, und so weiter und so fort. Doch auf diese Weise werden wir niemals glücklich, denn niemand bekommt im Leben immer alles, was er sich wünscht.

Das *dritte Hindernis* ist die sogenannte Co-Abhängigkeit. Nach Charles Whitfield, einem ausgewiesenen Experten auf diesem Gebiet, entsteht Co-Abhängigkeit, wenn wir glauben, dass etwas außerhalb von uns selbst, außerhalb von unserem Wesenskern, uns Glück und Selbstverwirklichung bringen kann. Praktisch sieht das gewöhnlich so aus, dass wir uns rund um die Uhr um einen anderen Menschen kümmern. In der Hoffnung auf Anerkennung für uns selbst als Helfende, interessieren wir uns nur für das, was dem anderen widerfährt, statt loszulassen und unser eigenes Leben zu führen.

Das *vierte Hindernis* hängt mit den Zielen zusammen, die wir uns setzen. Natürlich ist es wichtig,

Ziele zu haben, denn sie geben unseren Bemühungen eine Richtung und bringen Struktur in unser Leben. Allerdings besteht die Gefahr, dass sie so beherrschend werden, dass wir nicht mehr zwischen uns und unseren Zielen unterscheiden können. Kommen wir dann in eine Situation, in der wir uns von unseren Zielen verabschieden müssten, klammern wir uns mit aller Macht daran und schaffen es nicht, sie loszulassen. Ein erfahrener Psychiater hat einmal gesagt. »Im Arbeitsleben sehen wir uns zwei großen Gefahren gegenüber: Entweder glauben wir zu wenig an das, was wir tun, oder zu viel.« Der goldene Mittelweg liegt zwischen den beiden Extremen, im Loslassen: »Ich strebe dieses Ziel an und tue alles, um es zu erreichen. Doch ich weiß auch, dass ich unter Umständen meine Ziele ändern muss.« Folgendes Bibelzitat mag uns helfen, loszulassen und unsere Ziele weniger verbissen zu verfolgen:

»O Eitelkeit der Eitelkeiten! Alles ist eitel! Was für Gewinn hat der Mensch bei aller seiner Mühe, womit er sich müht unter der Sonne! Ein Geschlecht geht dahin und ein anderes kommt, aber die Erde bleibt ewig stehn. Und die Sonne

> geht auf und geht unter und eilt an ihren Ort,
> woselbst sie aufgeht. [...] Was gewesen ist,
> ebendas wird sein.«
>
> *Prediger 1:2, Lutherbibel 1912*

Das *fünfte Hindernis,* das dem Loslassen im Weg steht, sind die negativen Emotionen, die wir möglicherweise hegen, z.B. Groll, Feindseligkeit, Abneigung, Rachegelüste und Angst.

Wenn wir uns aus irgendeinem Grund angegriffen, verraten, herabgesetzt, abgelehnt – mit einem Wort: verletzt – fühlen, dann empfinden wir unserem »Angreifer« gegenüber in der Regel mehr oder weniger heftige Wut. In der Folge kreisen unsere Gedanken ständig um diese Person und das, was sie gesagt oder getan hat. Wir können nicht aufhören, darüber zu brüten, welches Leid dieser Mensch uns oder unseren Lieben zugefügt hat. Unser Herz verhärtet sich, und wir hegen nur noch einen Gedanken: wie wir es ihm heimzahlen können. So vergehen oft Jahre, ohne dass die Wunde verheilt, weil wir einfach nicht loslassen können.

Manchmal ist es auch Angst, die sich in unserem Geist breitmacht und uns vergessen lässt, dass Unsicherheit nun einmal untrennbar mit unserem Dasein als Mensch verbunden ist. Diese Angst treibt uns dazu, unser Leben und das Leben unserer Mitmenschen in jeder Hinsicht kontrollieren zu wollen. Sie raubt uns sowohl den inneren Frieden als auch das Urvertrauen, ohne das wir unsere innere Harmonie auch nicht wiederherstellen können.

Das *sechste Hindernis* in Bezug auf das Loslassen ist schließlich die Unfähigkeit, einen Schlussstrich zu ziehen und die Vergangenheit hinter sich zu lassen. So viele Menschen lecken ihre seelischen Wunden, statt sie sich schließen zu lassen. Sie erlauben ihrem Schmerz nicht, zu heilen, obwohl ihnen dies ermöglichen würde, nach vorn zu blicken und ihr Leben für Neues zu öffnen.

Es sind hauptsächlich diese sechs Arten von Hindernissen, die viele Menschen in unerfreulichen und manchmal auch belastenden Lebensumständen festhalten. Die gute Nachricht jedoch lautet: Jede dieser Schwierigkeiten kann gemeistert werden! Wir können sie loslassen! Auf den folgenden Seiten werden wir auf die hier nur kurz skizzierten Hindernisse ausführlicher eingehen und Ihnen Methoden vorstellen, mit deren Hilfe Sie diese überwinden können.

2

Unsere Glaubenssätze und Gewohnheiten hinterfragen

Jedes Kind kommt mit einem unglaublichen Potenzial zur Welt, bereit, das Leben in seiner Gänze zu leben, zu entdecken und zu lieben. Unglücklicherweise erhält es oftmals von seiner Umwelt nur allzu früh Botschaften, die es genau daran hindern. Das schließt nicht aus, dass die Eltern sich über die Geburt ihres Kindes freuen und ihm ihre ganze Liebe und Fürsorge angedeihen lassen, während es heranwächst. Doch selbst wenn das Kind gute Ausgangsbedingungen und liebevolle Eltern hat, die ihre Sache gut machen, »vererben« sie ihm nicht selten unbewusst Ansichten und Überzeugungen, die es daran hindern, sich frei zu entfalten. Beispielsweise: »Die Welt ist ein gefährlicher Ort.« Oder: »Man kann anderen Menschen nicht trauen«, »Das kannst du nicht«, »Das ist zu schwierig für dich«, »Es gibt kein Glück auf der Welt«, »Das Leben ist sinnlos«.

Da ein Kind außer seinen Eltern (oder deren Stellvertretern) niemanden hat, der ihm als zentrale Bezugsperson und Vorbild dienen könnte, übernimmt es deren Botschaften, auch wenn das dazu führt, dass diese sein Leben beschneiden und es sich um die Freude und die Schönheit bringt, die dieses in sich birgt.

In der Transaktionsanalyse werden zwölf grundlegende »Verbote« beschrieben, die viele Erziehende ihrem Kind – unbewusst – erteilen.

Die vier Grundverbote des Seins

1. Sei nicht!

Das ist die Botschaft, die ein Kind hört, wenn die Eltern ihm sagen, dass es nicht geplant war, dass sie eigentlich gar kein Kind mehr wollten, dass es der Familie ohne Kind besser ginge.

2. Sei kein Kind!

Zu dieser Schlussfolgerung kommt ein Kind, wenn es sich als Ältestes um seine jüngeren Geschwister kümmern muss.

3. Werde nicht erwachsen!

Diese Botschaft senden Eltern bisweilen ihrem jüngsten Kind, wenn sie Angst davor haben, dass es flügge wird.

4. Sei nicht du selbst!

Diese Botschaft verinnerlicht ein Junge oder ein Mädchen, wenn ihm die Eltern sagen, dass sie lieber ein Mädchen bzw. einen Jungen bekommen hätten oder ihm einen Unisex-Vornamen wie »Uli« oder »Franzi« geben.

Die vier Grundverbote des Fühlens

5. Fühle nicht!

Wenn ein Kind feststellt, dass es zu seinen Eltern kein Vertrauen haben kann oder dass seine Gefühle missbilligt werden bzw. wenn man ihm zu verstehen gibt, welche Gefühle in Ordnung sind und welche nicht, kommt das Kind zu dem Schluss, dass es gefährlich ist, sein Herz zu öffnen. In der Folge wird es seine Gefühle tief in sich selbst verschließen.

6. Zeige deine Gefühle nicht!

Den gleichen Effekt hat es, wenn Eltern ihr Kind auffordern, seine Gefühle in der Öffentlichkeit nicht zu zeigen, sondern zu unterdrücken: »Hör auf, wegen nichts und wieder nichts zu heulen«, »Solange du zornig bist, gehst du in dein Zimmer und bleibst dort«, »So ein großer Junge hat keine Angst davor, allein in den Keller zu gehen«, »Du bist nicht traurig, du bist nur müde«.

7. Komm mir nicht zu nahe!

Das ist die Botschaft, die Eltern ihrem Kind senden, wenn sie seine Zeichen der Zuneigung zurückweisen oder es nie auf den Schoß nehmen, nie mit ihm schmusen.

8. Hab keinen Spaß!

»Du kannst erst spielen gehen, wenn du mit allen deinen Aufgaben fertig bist!« Oder: »Ich wünsche dir einen schönen Abend, ich warte auf dich … ganz allein.« Mit solchen und ähnlichen Botschaften hindern Eltern ihr Kind daran, Freude am Leben zu haben, und erreichen, dass es sich schuldig fühlt, wenn es Spaß hat.

Die vier Grundverbote des Handelns

9. Tu nicht!

Ein Kind, das sich nicht zu bewegen wagt aus Angst, sich zu verletzen oder etwas schmutzig oder kaputt zu machen, wird in seinem Tatendrang behindert und gibt es bald auf, seine Umgebung zu erkunden.

10. Scheitere!

Es kann passieren, dass ein Elternteil eifersüchtig auf das Kind ist und fürchtet, von ihm überflügelt zu werden. Auch wenn es widersinnig klingt – diese Botschaft wird Kindern durchaus vermittelt.

11. Frag nicht!

Manchmal haben die Eltern Angst, ihr Kind könnte die Sprache auf gewisse Familiengeheimnisse bringen. Daher verbieten sie ihm, bestimmte Fragen zu stellen: »Frag nicht immer so dumm. Natürlich warst du ein gewünschtes Kind!«

12. Denk nicht!

Die zentrale Botschaft dieses Verbots lautet: »Das verstehst du nicht.« Als Folge wird das Kind irgendwann aufhören, Fragen zu stellen, und sich so einer wichtigen Möglichkeit berauben, seine Umwelt zu erkunden. Ähnliche Botschaften sind: »Wenn du mal älter bist, wirst du das begreifen.« Oder: »Ich sage, was hier gemacht wird, und niemand hat dich nach deiner Meinung gefragt.«

Natürlich ist es in den wenigsten Fällen so, dass einem Kind diese Grundverbote förmlich eingetrichtert werden oder ihm in dieser Form von seiner gesamten Umwelt entgegenschallen. Es erhält immer auch andere Botschaften auf einer anderen Wellenlänge und von anderen »Sendern«. Trotzdem hat ein Großteil unserer hinderlichen Glaubenssätze seinen Ursprung in Botschaften, die wir im Kleinkindalter empfangen haben. Und das Bild, das wir uns aufgrund dieser Glaubenssätze machen, gibt uns wiederum vor, wie wir das Leben, Menschen, Ereignisse und jeden einzelnen Augenblick unseres Daseins deuten und interpretieren.
Moralische und soziale Werte werden Kindern aber nicht nur durch die eben genannten Grundverbote vermittelt, sondern auch in Form sogenannter Antreiber. Sie haben die unangenehme Tendenz, unsere Anpassungsfähigkeit in Beziehungen einzuschränken, indem sie uns bestimmte starre Verhaltensweisen aufzwingen.

Die fünf Antreiber

1. Sei stark!

Damit wird uns indirekt gesagt: »Bitte nicht um Hilfe«, »Gib dich unverwundbar«, »Du musst alleine zurechtkommen«.

2. Sei perfekt!

Diese Botschaft führt bei den Betroffenen in der Regel zu dem inneren Zwang, immer und überall fehlerfrei und vollkommen sein zu müssen. Daraus resultiert das Bedürfnis, alles bis ins Letzte kontrollieren zu wollen. Die Umwelt und die Mitmenschen werden ständig argwöhnisch beobachtet, um nur ja nicht von etwas Unvorhergesehenem »kalt erwischt« zu werden.

3. Streng dich an!

Übersetzt heißt das nichts anderes als: »Zeig immer volle Leistung und gib dir Mühe. Nur wenn du dich über die Maßen anstrengst und es dir richtig schwer machst, zeigst du deinen guten Willen.«

4. Beeil dich!

Wenn wir als Kind diese Botschaft empfangen haben, dann lautet unser oberstes Gebot: »Die Zeit drängt!« Wir taugen in unseren Augen nur dann etwas, wenn wir unsere Aufgaben und Arbeiten möglichst schnell erledigen.

5. Mach mich glücklich!

Kinder, die diese unbewusste Aufforderung empfangen, neigen als Erwachsene zur Überanpassung. Sie versuchen dann mit allen Mitteln, den Menschen in ihrer Umgebung gefällig zu sein. Nicht selten reiben sie sich dabei zwischen diesem Bemühen und ihren eigenen – unterdrückten – Wünschen auf.

Natürlich lassen sich diese Botschaften auch positiv formulieren: »Du darfst dir selbst eine Freude machen«, »Du darfst dir Zeit lassen«, »Du darfst Erfolg haben, ohne dich völlig zu verausgaben«, »Du darfst um Hilfe bitten«, »Du darfst deine Sache gut machen und darauf stolz sein«.
Egal ob sie nun als Gebote/Verbote oder Antreiber daherkommen: Alle diese Botschaften sind mitverantwortlich dafür, dass wir in bestimmten Vorstellungen über uns, unsere Mitmenschen und das Leben insgesamt verharren, die uns daran hindern, unser volles Potenzial zu leben und zu innerer Ausgeglichenheit zu finden.

Die Fesseln hinderlicher Botschaften abstreifen

Der erste Schritt zu mehr persönlicher Freiheit besteht darin, herauszufinden, ob und welche dieser Botschaften uns vermittelt wurden. Dazu müssen wir uns als Erstes fragen, inwieweit wir uns selbst das Recht zugestehen, zu leben, wir selbst zu sein, unsere Gefühle auszudrücken, anderen Menschen körperlich und emotional nah zu sein, Spaß zu haben, erfolgreich zu sein, zu lernen sowie selbstständig zu denken und zu handeln. Und wenn wir zu dem Ergebnis kommen, dass wir in uns und unserem Leben unnötig einengende Botschaften verinnerlicht haben, lautet die nächste Frage: Wie sehr hindern sie uns daran, unser ganzes Potenzial zu leben, uns frei zu fühlen und loszulassen, was uns einengt?

Diese inneren Botschaften zu verändern geht aber nicht von selbst. Zunächst einmal müssen wir sie identifizieren, um sie im nächsten Schritt bewusst und geduldig durch neue zu ersetzen, indem wir uns selbst gute Eltern sind und uns erlauben, wirklich zu leben, uns auszudrücken, etwas zu erreichen und Spaß zu haben. Wir wagen uns dabei an Dinge, die uns bisher unmöglich schienen, und lassen so alte Verbote, Grenzen und hinderliche Glaubenssätze hinter uns.

Anfangs mag es uns vielleicht komisch, ungewohnt und irgendwie nicht ganz echt vorkommen, wenn wir uns plötzlich neue Dinge erlauben. Doch langsam, aber sicher werden unsere alten Überzeugungen modifiziert. Neue Erfahrungen treten an ihre Stelle und ermöglichen uns, die geistigen Fesseln, die uns festgehalten haben, abzustreifen. Doch es genügt nicht, nur zu wissen, dass wir uns verändern können. Wir müssen auf der Basis unserer neuen Erlaubnisse auch handeln, sie praktisch erproben. Unsere neu gewonnene Überzeugung beispielsweise, dass es sehr wohl erlaubt ist auszudrücken, was man fühlt, muss irgendwann auch einmal dazu führen, dass wir es wagen, einem vertrauten Menschen zu offenbaren, wie wir empfinden und was in uns vorgeht.

Manchmal ist es hilfreich, sich Unterstützung von außen zu holen, sei es in einer Selbsthilfegruppe oder bei einem Therapeuten, der diesen Wandlungsprozess begleiten kann.

Dasselbe gilt für unsere inneren Antreiber. Haben wir sie erst einmal »dingfest« gemacht, können wir uns nach und nach von ihnen freimachen. Dann wird sich unser Blick auf das Leben, die Menschen und Ereignisse wandeln. Wir müssen nicht länger perfekt sein und dies auch von anderen verlangen. Wir müssen uns nicht mehr bis aufs Blut schinden, um unsere Ziele zu erreichen. Stattdessen vernetzen wir uns und arbeiten gemeinsam und in Harmonie mit anderen auf unseren Erfolg hin.

Loslassen hat in erster Linie damit zu tun, wie wir die Dinge interpretieren. Sobald wir uns die Erlaubnis erteilen, nicht in jeder Situation perfekt, stark oder schnell sein zu müssen, uns nicht immer anpassen oder ein Ziel um jeden Preis erreichen zu müssen, können wir das Leben mit heiterem Blick und einer gewissen Gelassenheit betrachten. Wir müssen nur die Menschen sein, die wir sind. Unsere einzige Verantwortung besteht darin, ganz und im Einklang mit uns selbst das zu leben, was wir sind.

Fragebogen: Hinderliche Botschaften erkennen

Anleitung: Notieren Sie in dem Kästchen in der rechten Spalte die Nummer der Antwort, die am ehesten auf Sie zutrifft. Beantworten Sie jede Frage möglichst spontan und ohne lang nachzudenken.

1. Wie viel Informationen benötigen Sie zu einer Sache, um eine Entscheidung zu treffen?
   5. Möglichst alle verfügbaren
   4. Einen Großteil
   3. Eine ausreichende Menge
   2. Ein paar
   1. Wenige

2. Ist weinen Ihrer Meinung nach ein Zeichen von Schwäche?
   5. Ja, absolut
   4. Ich denke schon
   3. Dazu habe ich keine Meinung
   2. Eher nicht
   1. Nein, ganz im Gegenteil

3. Ärgern Sie sich, wenn jemand langsam ist?
   5. So gut wie immer
   4. Häufig
   3. Gelegentlich
   2. Selten
   1. So gut wie nie

4. Fühlen Sie sich verpflichtet, anderen zu helfen?

    5. So gut wie immer
    4. Häufig
    3. Gelegentlich
    2. Selten   `3`
    1. So gut wie nie

5. Unternehmen Sie konkrete Anstrengungen, um Ihre Ziele zu erreichen?

    5. So gut wie immer
    4. Häufig
    3. Gelegentlich
    2. Selten   `3`
    1. So gut wie nie

6. Machen Sie sich Vorwürfe, wenn Sie einen Fehler gemacht haben?

    5. So gut wie immer
    4. Häufig
    3. Gelegentlich
    2. Selten   `3`
    1. So gut wie nie

7. Fragen Sie andere: »Wieso bist du so traurig/ verletzt?«

    5. So gut wie immer
    4. Häufig
    3. Gelegentlich
    2. Selten   `2`
    1. So gut wie nie

8. Kommen Sie zu spät, obwohl Sie alle Vorkehrungen getroffen haben, um pünktlich zu sein?
   5. So gut wie immer
   4. Häufig
   3. Gelegentlich
   2. Selten
   1. So gut wie nie

   2

9. Bieten Sie anderen von sich aus Ihre Hilfe an?
   5. So gut wie immer
   4. Häufig
   3. Gelegentlich
   2. Selten
   1. So gut wie nie

   2

10. Schätzen Sie es, ohne Kampf und Reibereien zum Erfolg zu kommen?
    5. So gut wie nie
    4. Selten
    3 Gelegentlich
    2. Häufig
    1. So gut wie immer

    4

11. Wissen Sie Ihre Erfolge gebührend zu würdigen?
    5. So gut wie nie
    4. Selten
    3. Gelegentlich
    2. Häufig
    1. So gut wie immer

    2

12. Sagen Sie zu anderen: »Es gibt überhaupt keinen Grund, sich zu beklagen?«
    5. So gut wie immer
    4. Häufig
    3. Gelegentlich
    2. Selten
    1. So gut wie nie

    2

13. Werden Sie langsamer, wenn Sie sich sagen, dass Sie sich beeilen müssen?
    5. So gut wie immer
    4. Häufig
    3. Gelegentlich
    2. Selten
    1. So gut wie nie

    1

14. Verwenden Sie häufig Formulierungen wie »Könnten Sie ...«, »Würden Sie ...«, »Wären Sie so freundlich ...« ?
    5. So gut wie immer
    4. Häufig
    3. Gelegentlich
    2. Selten
    1. So gut wie nie

    2

15. »Versuche es immer und immer wieder, so lange, bis du schließlich Erfolg hast.« – Stimmen Sie dieser Aufforderung zu?
    5. So gut wie immer
    4. Häufig
    3. Gelegentlich
    2. Selten
    1. So gut wie nie

    2

16. Prüfen Sie mehrfach nach, was andere sagen,
weil Sie befürchten, es könnte falsch gewesen sein?

    5. So gut wie immer
    4. Häufig
    3. Gelegentlich
    2. Selten
    1. So gut wie nie

 4

17. Sind Ihnen Ihre »Schwächen« unangenehm?

    5. Höchst unangenehm
    4. Ziemlich unangenehm
    3. Eher unangenehm
    2. Nicht übermäßig unangenehm
    1. Überhaupt nicht unangenehm

 4

18. Wie reagieren Sie, wenn Sie sich irgendwo in
einer Schlange anstellen müssen?

    5. Das ist der absolute Horror für mich.
    4. Es nervt mich schon ein bisschen.
    3. Es macht mir nichts aus.
    2. Ich finde es ganz nett.
    1. Ich finde es toll.

 4

19. Lassen Sie Ihren Gesprächspartner erst ausreden,
bevor Sie selbst etwas sagen?

    5. So gut wie immer
    4. Häufig
    3. Gelegentlich
    2. Selten
    1. So gut wie nie

 3

20. Nutzen Sie Gelegenheiten zur Entspannung, wenn sie sich bieten?

5. So gut wie nie
4. Selten
3. Gelegentlich
2. Häufig
1. So gut wie immer

2

21. Neigen Sie zum Perfektionismus?

5. So gut wie immer
4. Häufig
3. Gelegentlich
2. Selten
1. So gut wie nie

4

22. Kontrollieren Sie Ihre Gefühle?

5. So gut wie immer
4. Häufig
3. Gelegentlich
2. Selten
1. So gut wie nie

4

23. Ist Stille Ihnen unangenehm?

5. Höchst unangenehm
4. Ziemlich unangenehm
3. Eher unangenehm
2. Nicht besonders unangenehm
1. Gar nicht unangenehm

2

24. Versuchen Sie herauszufinden, wie Sie als Person und das, was Sie tun, bei anderen ankommen?
    5. So gut wie immer
    4. Häufig
    3. Gelegentlich
    2. Selten
    1. So gut wie nie

    3

25. Gebrauchen Sie Formulierungen wie »Ich versuch's«, »Das schaffe ich nicht«, »Das ist schwierig« …?
    5. So gut wie immer
    4. Häufig
    3. Gelegentlich
    2. Selten
    1. So gut wie nie

    3

26. Versuchen Sie, in Ihren Äußerungen möglichst präzise zu sein?
    5. So gut wie immer
    4. Häufig
    3. Gelegentlich
    2. Selten
    1. So gut wie nie

    4

27. Reagieren Sie auf Probleme mit Äußerungen wie »Kein Kommentar«, »Mir egal«, »Das ist doch völlig nebensächlich« usw.?
    5. So gut wie immer
    4. Häufig
    3. Gelegentlich
    2. Selten
    1. So gut wie nie

    3

28. Trommeln Sie mit den Fingern oder wippen Sie mit dem Fuß, wenn etwas Sie ungeduldig macht?
    5. So gut wie immer
    4. Häufig
    3. Gelegentlich
    2. Selten
    1. So gut wie nie

29. Haben Sie das Gefühl, dass Sie andere glücklich machen müssen?
    5. So gut wie immer
    4. Häufig
    3. Gelegentlich
    2. Selten
    1. So gut wie nie

30. Sagen Sie (zu sich selbst oder anderen) Sätze wie »Wenigstens habe ich es versucht«?
    5. So gut wie immer
    4. Häufig
    3. Gelegentlich
    2. Selten
    1. So gut wie nie

31. Sagen Sie Sätze wie »Das kann so nicht funktionieren, hier ist mein Vorschlag …«?
    5. So gut wie immer
    4. Häufig
    3. Gelegentlich
    2. Selten
    1. So gut wie nie

32. Halten Sie sich immer sehr gerade und verschränken die Arme vor der Brust, ohne die Hände zu bewegen?
    5. So gut wie immer
    4. Häufig
    3. Gelegentlich
    2. Selten
    1. So gut wie nie

3

33. Verschieben Sie Dinge auf später, um sie dann auf den letzten Drücker zu erledigen?
    5. So gut wie immer
    4. Häufig
    3. Gelegentlich
    2. Selten
    1. So gut wie nie

3

34. Finden Sie, dass eine Arbeit erst dann von Wert ist, wenn man von anderen Anerkennung dafür bekommt?
    5. So gut wie immer
    4. Häufig
    3. Gelegentlich
    2. Selten
    1. So gut wie nie

2

35. Ziehen Sie den Kampf dem Sieg vor?
    5. So gut wie immer
    4. Häufig
    3. Gelegentlich
    2. Selten
    1. So gut wie nie

2

Auswertung: Notieren Sie in den fünf folgenden Tabellen zu den einzelnen Fragen (F) die Nummer der Antwort (A), die Sie gewählt haben. Zählen Sie dann die Werte in der Spalte A zusammen und tragen Sie das Ergebnis ins Feld »Summe« ein. Ist die Summe aus Spalte A gleich oder höher 25, so bedeutet das, dass Sie höchstwahrscheinlich in Ihrem Verhalten von dem jeweiligen Antreiber beeinflusst werden.

F	A
1	
6	
11	
16	
21	
26	
31	
Summe	
Sei perfekt!	

F	A
2	
7	
12	
17	
22	
27	
32	
Summe	
Sei stark!	

F	A
3	
8	
13	
18	
23	
28	
33	
Summe	
Beeil dich!	

F	A
4	
9	
14	
19	
24	
29	
34	
Summe	
Mach mich glücklich!	

F	A
5	
10	
15	
20	
25	
30	
35	
Summe	
Streng dich an!	

3

Loslassen, was uns das Leben schwer macht

Nachdem wir uns bisher hauptsächlich damit beschäftigt haben, welches die häufigsten Denk- und Verhaltensmuster sind, die uns daran hindern, die ganze Fülle unseres Lebens auszuschöpfen, wollen wir Ihnen nun zeigen, wie es im Einzelnen gelingen kann, sich von schwierigen Gedanken, Gefühlen und Verhaltensweisen zu befreien.

Co-Abhängigkeit überwinden

Die Verantwortung für unser Leben und unser Glück an andere abzugeben, ist einer der größten Bremsklötze, die uns daran hindern, uns weiterzuentwickeln und unser eigenes Potenzial zu verwirklichen.

Psychologen bezeichnen dieses Verhaltensmuster als Co-Abhängigkeit. Wir sind dann so stark auf die Außenwelt konzentriert, dass wir den Kontakt zu dem verlieren, was sich in unserem Inneren abspielt – zu unseren Gedanken, Gefühlen, Entscheidungen, Erfahrungen, Wünschen, Hoffnungen und unserer Intuition. Mit einem Wort: zu unserem wahren Wesen.

Co-abhängige Menschen sind emotional, sozial und manchmal auch körperlich extrem auf einen bestimmten Menschen oder ein bestimmtes Objekt fixiert, und dieses Abhängigkeitsverhältnis bestimmt am Ende sämtliche zwischenmenschlichen Beziehungen der Betreffenden. Wer co-abhängig ist, macht die Bedürfnisse des anderen zu seinem Lebensinhalt und versucht, dessen Gedanken, Gefühle und Verhalten zu kontrollieren, um auf diese Weise seinen eigenen Mangel an innerer Sicherheit und Selbstachtung auszugleichen.

Menschen, die sich co-abhängig verhalten, sind stets damit beschäftigt, andere zu »retten« und deren Leben »in Ordnung zu bringen«, sie sind aber gleichzeitig nicht imstande, angemessen für ihre eigenen Bedürfnisse zu sorgen. Weil sie es nicht schaffen, Nein zu sagen, lassen sie nicht selten alles mit sich machen.

Das kann sogar so weit gehen, dass die co-abhängige Person jahrelang in einer schwierigen Beziehung ausharrt, in der sie ausgenützt oder sogar misshandelt wird, einzig aus Angst vor der Trennung. Sie nimmt alles in Kauf, weil sie glaubt, als Mensch nur dann wertvoll zu sein, wenn sie sich für jemand anderen aufopfert.

Sophie, die an einem unserer Workshops über die Kunst des Loslassens teilnahm, die sie mehr als alles andere auf der Welt lernen wollte, war co-abhängig. Sie hat uns ihre Geschichte erzählt:

Nach einer problematischen Kindheit, die von häuslichen Spannungen, Auseinandersetzungen und schließlich der Scheidung der Eltern bestimmt war, verliebte sich Sophie im Alter von 18 Jahren in einen deutlich älteren Mann, mit dem sie bald darauf zusammenzog. In den ersten Monaten lief alles wunderbar. Ihr Freund Paul verwöhnte sie nach allen Regeln der Kunst, und Sophie ging völlig in der Beziehung auf, von der sie sich viel erwartete. Doch die beiden waren noch kein Jahr zusammen, als die ersten düsteren Wolken am Beziehungshimmel aufzogen: Paul fing (wieder?) an zu trinken und schlug sich die Nächte mit seinen Zechkumpanen und anderen Frauen in verschiedenen Kneipen um die Ohren. Kam er dann betrunken nach Hause, beschimpfte er Sophie aufs Übelste und machte ihr heftige Vorwürfe wegen irgendwelcher Lappalien. Und manchmal schlug er auch zu.

Sophie ließ all das weinend über sich ergehen. Kaum war Paul wieder nüchtern, beteuerte er seiner Partnerin, wie sehr er sie doch liebe, und Sophie sog seine Liebeserklärungen in sich auf wie verdorrte Erde den lang ersehnten Regen. Danach lief drei, vier Tage alles gut, bis das Szenario sich wiederholte. Sophie war überzeugt davon, dass sie Paul von seinem Alkoholismus heilen könne, und tat alles dafür. Sie verwöhnte ihn mit gutem Essen, versteckte den Wein, den er nach Hause brachte, und begleitete ihn in verrauchte Lokale, wo sie stundenlang herumsaßen. Sie hätte ihn gern verlassen, aber was hätte sie dann tun sollen? Was sollte aus ihr werden? Die Vorstellung einer Zukunft ohne Paul machte ihr große Angst. Sie wusste nicht mehr, wer sie war und was sie wollte. Sie kannte nur noch einen Wunsch, nämlich Paul zu retten – vielleicht, um sich selbst zu retten. Doch eines Tages, sie war am Ende ihrer Kräfte, gewann der Wunsch, ihre Situation zu verändern, in ihr die Oberhand: loslassen, zu sich selbst zurückfinden, ihr Leben wieder selbst in die Hand nehmen.

Endlich kümmerte sie sich wieder um sich selbst. Sie begann nach Möglichkeiten zu suchen, sich aus der zerstörerischen Beziehung zu Paul zu lösen und wieder ein eigenes Leben zu führen. In einer Selbsthilfegruppe begann sie zu entdecken, wer sie war.

Erst hier wurde ihr in aller Deutlichkeit klar, dass sie misshandelt worden war und was sie durchgemacht hatte. In der Gruppe traute sie sich zum ersten Mal, über einige sehr schmerzhafte Erfahrungen aus ihrer Kindheit zu sprechen, die sie bisher tief in sich vergraben hatte, über ihre Verzweiflung, aber auch über das, was sie dachte und fühlte, über ihre Wünsche und Pläne.

So fand sie schließlich den Mut, Paul zu verlassen, was alles andere als leicht war, denn er versuchte, sie – mit Drohungen und unter Aufbietung all seiner manipulativen Tricks – daran zu hindern. Doch Sophie blieb standhaft. Sie hatte zu sich zurückgefunden und den Entschluss gefasst, alles loszulassen, was sie bisher gebunden hatte. Sie hatte die ersten Schritte auf ihrem langen Weg aus der Co-Abhängigkeit, hin zu einem besseren Leben getan.

Es gibt viel mehr co-abhängige Menschen, als wir gemeinhin annehmen. Gleichzeitig ist dieses Verhaltensmuster eines der größten Hemmnisse auf dem Weg zum Loslassen. Der folgende Fragebogen kann Ihnen dabei helfen herauszufinden, ob Sie eventuell co-abhängig sind, und wenn ja, wie stark diese Eigenschaft bei Ihnen ausgeprägt ist.

ja		nein

☐ 1. Stellen Sie die Bedürfnisse Ihres Partners über Ihre eigenen? ☐

☐ 2. Lächeln Sie, wenn Sie sich ärgern? ☐

☐ 3. Ist Ihr Partner Ihnen gegenüber schon einmal gewalttätig geworden? ☐

☐ 4. Sagt Ihr Partner Ihnen, wie Sie sich anziehen sollen? ☐

☐ 5. Haben Sie Angst davor, Ihrem Partner zu sagen, dass seine Worte Sie verletzt haben? ☐

☐ 7. Fühlen Sie sich zurückgesetzt, wenn Ihr Partner Zeit mit seinen Freunden verbringt? ☐

☐ 8. Schämen Sie sich für Ihren Partner, wenn er etwas Falsches tut? ☐

☐ 9. Haben Sie Sex mit Ihrem Partner, obwohl Sie eigentlich nicht in Stimmung sind? ☐

☐ 10. Denken Sie, dass die Meinung Ihres Partners wichtiger ist als Ihre eigene? ☐

☐ 11. Lassen Sie wichtige Entscheidungen Ihren Partner treffen? ☐

☐ 12. Ärgert es Sie, wenn sich Ihr Partner nicht an die Pläne hält, die Sie für ihn gemacht haben? ☐

☐ 13. Halten Sie sich mit Ihrer Meinung zurück, um Streit in der Beziehung zu vermeiden? ☐

☐ 14. Haben Sie das Gefühl, dass Sie in Ihrer Beziehung viel geben und wenig zurückbekommen? ☐

☐ 15. Verlieren Sie die Beherrschung, wenn Sie mit Ihrem Partner streiten? ☐

☐ 16. Fällt es Ihnen schwer, freundschaftliche Beziehungen zu anderen Menschen als Ihrem Partner zu knüpfen und zu unterhalten? ☐

☐ 17. Haben Sie das Gefühl, in Ihrer Beziehung »festzustecken«? ☐

☐ 18. Versuchen Sie ständig, Ihre Gefühle zu kontrollieren? ☐

☐ 19. Schneiden Sie sich von Ihren Gefühlen ab, wenn Sie mit Ihrem Partner Streit haben? ☐

☐ 20. Haben Sie das Gefühl, dass Sie diejenige/derjenige sind, die/der die Beziehung am Laufen hält? ☐

Auswertung: Wenn Sie fünf oder mehr Fragen mit »ja« beantwortet haben, ist in Ihrer Partnerbeziehung höchstwahrscheinlich Co-Abhängigkeit mit im Spiel. Je höher die Anzahl der mit Ja beantworteten Fragen, desto weniger intakt ist die Beziehung – und desto wichtiger wäre es, zu lernen, Belastendes loszulassen.

Überholte Ziele loslassen

Um zu einem glücklichen Leben zu finden, müssen wir hinderliche Botschaften und innere Verbote, die unser Leben einengen, loslassen. Dazu gehört auch, dass wir uns das Netz von Abhängigkeiten und Co-Abhängigkeiten, in das wir verstrickt sind, bewusst machen.

Haben wir erst einmal erkannt, welche hinderlichen Denk- und Verhaltensmuster uns binden, ist Loslassen die natürliche Konsequenz. Bei manchen Menschen stellt sich diese Einsicht blitzartig ein, bei anderen dämmert sie langsam herauf und sie verabschieden sich Stück um Stück von ihren Illusionen und einengenden geistigen Konzepten, um schließlich den Tatsachen ins Auge zu sehen. Loslassen kann also ein spontanes Geschehen oder ein allmählicher Prozess sein.

Es gibt eine berühmte Geschichte über einen Löwen, der zwischen Schafen aufgewachsen war, blökte wie ein Schaf und sich überhaupt ganz und gar wie ein Schaf benahm. Eines Tages kam ein anderer Löwe des Weges und erblickte voll Verwunderung das »Löwenschaf«, das in einer Schafherde mitlief. Er ging auf das Löwenschaf zu, das vor Angst am ganzen Leib zitterte, und baute sich vor ihm auf. »Was treibst du da unter diesen Schafen?«, wollte der Löwe wissen. »Ich bin doch ein Schaf«, gab das Löwenschaf zur Antwort. »Nein, bist du nicht. Komm mit mir«, sagte der Löwe und führte das Löwenschaf zu einem Teich. »Da! Schau!«, befahl er ihm. Als das Löwenschaf sein Spiegelbild im Wasser erblickte, stieß es ein machtvolles Gebrüll aus. Von diesem Augenblick an war er verwandelt. Er hatte sein falsches Selbstbild, das seine wahre Natur verbarg, losgelassen: Nein, er war kein Schaf, sondern ein prächtiger Löwe.

»Ich würde das Leben ja gern ein bisschen ruhiger angehen und mir mehr Freiraum verschaffen. Aber in fünf Jahren will ich meinen Umsatz verdoppelt haben und darum muss ich mich rund um die Uhr krummlegen.«

»Ich wünschte, ich könnte die Zügel ein wenig lockerer lassen und Druck rausnehmen. Aber ich habe gute Aussichten, in meiner Firma eine leitende Position zu bekommen, da kann ich mich jetzt nicht einfach gemütlich aufs Sofa legen.«

»Natürlich würde ich gern loslassen. Aber das, was meine Frau mir angetan hat, kann ich ihr niemals verzeihen.«

Auch verbissen an bestimmten Zielen festzuhalten

hindert uns daran, loszulassen. Dabei sind es nicht die Ziele selbst, die uns Probleme bereiten, sondern der Grad unserer Anhaftung daran, unsere Identifikation damit. Der chinesische Philosoph Tranxu sagte einmal:

»Zielt der Bogenschütze ohne Absicht auf die Scheibe, entfaltet sich sein ganzes Können.
Will er aber einen Bronzereif erringen, so ist sein Geist schon angespannt. Will er gar eine goldene Trophäe erringen, trübt sich sein Blick. Er sieht zwei Ziele, er ist nicht mehr er selbst. Sein Können ist ihm nicht verloren gegangen, doch ist es gespalten durch seinen Wunsch, den Preis zu erringen. Sein Sinn ist mehr auf die Trophäe gerichtet als darauf, die Zielscheibe zu treffen und seinen Geist leer werden zu lassen.«

Dieser Text gibt uns eine präzise Beschreibung der »Nebenwirkungen«, die auftreten können, wenn wir zu sehr an unseren Zielen haften. Unsere Ziele – koste es, was es wolle – verwirklichen zu wollen, macht uns anfällig für Fehlschläge. Statt Fröhlichkeit und innerer Gelassenheit machen sich Angst und Anspannung in uns breit. Die beste

Methode, unsere Ziele zu verwirklichen, ist »anstrengungsloses Streben«, das heißt, wir müssen uns stets der Tatsache bewusst sein, dass es eventuell nötig sein wird, unsere Ziele anzupassen, zu korrigieren oder auch ganz aufzugeben.

Die Unbeständigkeit des Lebens verlangt von uns diese Flexibilität. Eine Studie hat gezeigt, dass Menschen, die fähig sind, loszulassen, sich – ohne zu hadern – neuen Zielen zuzuwenden und im Leben voranzuschreiten, nie die Hoffnung verlieren. Paradoxerweise ist es ja manchmal sogar so, dass wir unsere Ziele leichter erreichen, wenn wir loslassen und offen sind für das, was kommt.

Eine Sage erzählt, dass einst 2000 Meilen vor den Gestaden des Pazifischen Ozeans eine Insel lag mit einem Tempel, in dem es ein silbernes Glockenspiel gab. Strich der Wind durch die vielen Hundert Glocken, so ertönte eine Symphonie von überirdischer Schönheit. Allerdings versank die Insel eines Tages im Meer, und die Fluten verschlangen auch das berühmte Glockenspiel. Doch es begann sich die Legende zu verbreiten, dass die wunderschönen Klänge noch immer zu hören seien.

Begierig, dem silbernen Glockenspiel zu lauschen, machte ein Mann sich auf die lange Reise. Tagelang saß er am Ufer und horchte angestrengt aufs

Meer hinaus. Doch alles, was an sein Ohr drang, war das Rauschen der Brandung, die sich am Ufer brach. So vergingen viele Wochen in angestrengter Erwartung, ehe er sich müde und erschöpft entschloss, nach Hause zurückzukehren. Er streckte sich ein letztes Mal auf dem Sand aus, um noch ein wenig auszuruhen, und lauschte der Brandung, deren Rauschen er zuvor so heftig aus seinem Geist zu verscheuchen versucht hatte. Er ließ sich vom Geräusch der Wellen wiegen, und plötzlich – o Wunder – erfasste ihn eine innere Stille, in der er voll Freude und Entzücken das feine Läuten der Silberglocken und die überirdisch schöne Symphonie des Glockenspiels vernehmen konnte. Im Loslassen hatte er schließlich gefunden, was er gesucht hatte.

Um herauszufinden, ob auch Sie Ziele verfolgen, die Sie Ihre innere Ruhe kosten, empfehlen wir Ihnen, sich mit Papier und Stift an einen ruhigen Ort zurückzuziehen und die folgenden Fragen zu beantworten:

1. Wonach strebe ich eigentlich?
2. Welche Ziele habe ich mir im Leben gesetzt?
3. Passen diese Ziele zu dem Leben, das ich gern führen möchte?

4. Welche Opfer bringe ich, um diese Ziele zu erreichen?
5. Gibt es Ziele, die nicht mehr aktuell sind und/oder nicht zu dem passen, was mir eigentlich wichtig ist?
6. Welche Ziele kann ich loslassen?
7. Welches Ritual kann mir dabei helfen? (Dies kann beispielsweise eine Zeichnung oder ein Brief sein, den man »feierlich« verbrennt.)

Negative Gefühle gehen lassen

»Das kann ich ihm niemals verzeihen, ich bin immer noch so wütend auf ihn!«

»Mein Mann ist vor 17 Jahren gestorben, und es vergeht kein Tag, an dem ich nicht um ihn trauere.«

»Ich würde so gern keine Angst mehr haben und mich nicht ständig vor Ereignissen fürchten, die vermutlich nie eintreffen werden, aber ich schaffe es einfach nicht.«

»Seit drei Jahren habe ich diese Depressionen. Ich kann beim besten Willen nichts Schönes am Leben finden. Man muss doch nur die Zeitung lesen oder den Fernseher einschalten, um zu sehen, wie schlimm es in der Welt zugeht.«

Solche Äußerungen sind typisch für Menschen, die bereits erkannt haben, dass sie unter negativen Gefühlen leiden, die sie gern loslassen würden. Damit sind sie vielen Betroffenen voraus, denen gar nicht bewusst ist, dass negative Emotionen ihr Leben überschatten. Die, ohne zu wissen, was sie eigentlich lähmt, von schleichender Depression, unterdrückter Wut und versteckten Ängsten gequält werden. Um jedoch loslassen zu können, müssen wir zuerst erkennen, was genau es loszulassen gilt. Anthony De Mello, Jesuitenpater und Psychotherapeut, empfiehlt, sich bei der Auflösung negativer Gefühle an folgende vier Schritte zu halten:

Schritt 1: Wir machen uns die negativen Gefühle, die uns keine Ruhe lassen und unser Leben beeinträchtigen, bewusst, identifizieren und benennen sie.

Schritt 2: Wir erkennen, dass diese negativen Emotionen nur mit uns und nicht mit unserer äußeren Situation zu tun haben (denn es wäre sinnlos, durch das Verändern unserer äußeren Situation größeres inneres Wohlbefinden erreichen zu wollen). Nicht unsere Mitmenschen müssen sich ändern, damit es uns besser geht, vielmehr müssen wir sie mit anderen Augen sehen und sie nicht länger ändern wollen. Nichts kann uns unglücklich »machen« – kein anderer Mensch, nicht die Verhältnisse, kein bestimmtes Ereignis. Wir allein sind es, die uns Kummer bereiten: durch unsere Erwartungen, unsere Illusionen und unsere unrealistischen Ziele, an die wir uns klammern.

Schritt 3: Wir machen uns bewusst, dass wir nicht identisch mit unseren negativen Gefühlen sind. Diese haben nichts mit unserem Wesenskern zu tun. Nicht wir sind jetzt zornig, sondern in diesem Augenblick ist in uns Zorn, empfindet ein Teil von uns Zorn. Dieses Gefühl vergeht wieder, wie auch alles andere vergeht. Unser Wesenskern bleibt davon unberührt.

Schritt 4: Wir lassen unseren Wunsch, andere ändern zu wollen, los und beschließen stattdessen, uns selbst zu ändern.

Wie oft erwarten wir, dass sich die Dinge ändern, dass unser Partner sich ändert, unser Chef, unsere Eltern, unsere Kinder …, damit wir endlich glücklich sein können. Das ist ein Irrtum! Solange wir nicht gelernt haben loszulassen, bleiben wir Marionetten, an deren Fäden ein Puppenspieler zieht. Können wir jedoch unsere Erwartungen an andere loslassen, sind wir frei und in der Lage, innere Zufriedenheit zu erfahren.

Es gibt eine schöne Geschichte über einen alten Weisen, den man einst bat, über sein Leben zu berichten. In der Rückschau, so sagte er, habe es drei wichtige Phasen gegeben:

»Mit 20 war mein einziges Gebet: ›Mein Gott, hilf mir, diese schlimme Welt zu ändern.‹ Und 20 Jahre kämpfte ich wie ein Löwe, um am Ende feststellen zu müssen, dass alles beim Alten geblieben war.

Mit 40 war mein einziges Gebet: ›Mein Gott, hilf mir, meine Frau, meine Eltern und meine Kinder zu ändern!‹ Und 20 Jahre kämpfte ich wie ein Besessener, um am Ende feststellen zu müssen, dass alles beim Alten geblieben war.

Nun bin ich 60, und mein einziges Gebet lautet: ›Mein Gott, hilf mir, mich zu ändern …‹ Und siehe da! Mit einem Mal ändert sich die Welt!«

Das kann Loslassen für uns bewirken.

Sich von Groll befreien

Auch der Groll gehört zu den negativen Gefühlen, die sich ungünstig auf unseren Geist auswirken. Weil so viele von uns alten Groll mit sich herumtragen und wir uns oftmals besonders schwertun, ihn loszulassen, widmen wir ihm ein eigenes Kapitel.

Groll ist die emotionale Reaktion auf eine Verletzung, die uns zugefügt wurde. Typische Aussagen von Menschen, die starken Groll empfinden, sind: »Du hast mir wehgetan, und dafür hasse ich dich«, »Ich kann mich damit nicht abfinden, wie es gekommen ist«, »Ich wünschte, es wäre alles anders«, »Wäre ich doch nie geboren«, »Ich bin so wütend über das, was passiert ist«.

Eine solche Reaktion, so verständlich sie vom menschlichen Standpunkt aus auch sein mag, vergiftet unser Leben, wenn wir uns dem Groll zu lange überlassen. Es gibt nur einen Weg, um schmerzhafte seelische Verletzungen wirklich zu heilen und zu innerem Frieden zurückzufinden: dem anderen vergeben und damit unseren Groll loslassen.

Den Weg der Vergebung zu gehen, bewahrt uns davor, den erlittenen Schmerz für uns und andere auf ewig »in Stein zu meißeln«. Es schützt uns davor, dauerhaft auf die Vergangenheit fixiert zu bleiben und darüber zu verbittern.

Allerdings gibt es einige Missverständnisse, was genau in diesem Zusammenhang mit »vergeben« gemeint ist, und diese hindern die gekränkte Person häufig daran, zu verzeihen.

1. Missverständnis: »Vergeben heißt vergessen.«
Ganz im Gegenteil. Es geht vielmehr darum, das
Bedürfnis nach Rache loszulassen und Schritt für
Schritt Abstand zu dem verletzenden Geschehen
zu gewinnen, sodass wir einerseits nicht mehr
emotional darauf reagieren, uns aber andererseits
völlig im Klaren darüber sind, wie die Situation
abgelaufen ist und was unser Gegenüber getan
hat – um in Zukunft ähnliche Erfahrungen vermeiden zu können.

*2. Missverständnis: »Vergeben heißt, sich auszu-
söhnen.«* Wenn wir uns in Vergebung üben, kommen wir in diesem Prozess früher oder später an
einen Punkt, an dem wir die Entscheidung treffen
müssen, ob wir uns mit der Person, die uns verletzt
hat, aussöhnen oder keinen Kontakt mehr aufneh-
men wollen. Vergebung und Versöhnung sind zwei
unterschiedliche Dinge, die nicht zwangsläufig
Hand in Hand gehen müssen. Vergeben heißt
nicht, dass alles wieder so werden muss wie vor
dem Zerwürfnis.

*3. Missverständnis: »Vergeben heißt, sich selbst zu
verleugnen.«* Die eigenen Rechte geltend zu machen ist Ausdruck einer gesunden Selbstachtung.
Vergeben heißt nicht, dass wir eine Verletzung, die
man uns zugefügt hat, entschuldigen, leugnen oder
gar zulassen, dass man uns weiter verletzt. Ver-

geben heißt, dass wir uns auf einen Weg begeben, der aus den von Jean Monbourquette in seinem Buch *Vergeben lernen in zwölf Schritten* beschriebenen Etappen besteht:

1. Den Entschluss fassen, sich nicht zu rächen und Beleidigungen in jeder Form zu unterlassen.
2. Sich eingestehen, dass man sich verletzt fühlt.
3. Mit einer unbeteiligten Person über die eigene Verletzung sprechen.
4. Den Verlust benennen und betrauern.
5. Die eigene Wut und die eigenen Rachegedanken akzeptieren.
6. Sich selbst vergeben.
7. Die Person, die einen beleidigt hat, zu verstehen versuchen.
8. Die Bedeutung der Verletzung für das eigene Leben zu verstehen versuchen.
9. Wissen, dass man der Vergebung würdig ist, bedeutet bereits, zu verzeihen.
10. Aufhören, sich zur Vergebung zwingen zu wollen.
11. Sich für die Gnade der Vergebung öffnen.
12. Entscheiden, ob man die Beziehung beendet oder es noch einmal versucht.

Den Weg der Vergebung zu beschreiten ist nicht leicht, vor allem wenn es darum geht, »nicht greifbaren« Menschen, die uns verletzt haben, zu vergeben. Das kann beispielsweise ein verstorbener Elternteil sein, dem gegenüber wir noch unverarbeitete Gefühle von Groll hegen, die unbekannte Mutter, die uns zur Adoption freigegeben hat, oder der unsichtbare Firmenchef an der Spitze der Unternehmenshierarchie.

Nicht weniger schwer ist es, denen zu verzeihen, die keinerlei Anzeichen von Bedauern oder Betroffenheit zeigen oder sich ohne jedes Schuldgefühl keinen Deut um die Folgen ihres Tuns scheren. Doch loszulassen – und nichts anderes tun wir, wenn wir vergeben – pflanzt den Samen der Heilung in den Menschen, der verletzt wurde, egal, wie sich der »Angreifer« verhalten mag.

Es kann auch sein, dass wir selbst von Schuldgefühlen geplagt werden, denn manchmal ist es leichter, anderen zu verzeihen als uns selbst. In diesem Fall gilt das bereits Gesagte ebenfalls: Wenn es uns gelingt, loszulassen und uns selbst zu verzeihen, können wir die Vergangenheit hinter uns lassen und uns ganz dem Heute zuwenden.

In dem Moment, in dem wir unsere Gefühle des Grolls – egal ob sie sich nun gegen uns selbst oder gegen unsere Mitmenschen richten – loslassen, befreien wir uns und schaffen Raum, um das Leben mit offenen Armen anzunehmen.

Zur weiteren Beschäftigung mit dem Thema möchten wir Ihnen folgende Fragen ans Herz legen:

- Gibt es jemanden, dem ich noch nicht vergeben habe?
- Welchen »Vorteil« habe ich, wenn ich dieser Person grolle?
- Möchte ich dieser Person jetzt vergeben?
- Bin ich bereit, mir selbst zu verzeihen?
- Bin ich bereit loszulassen?

Belastende Glaubenssätze transformieren

Auf den vorausgegangenen Seiten haben wir uns die verschiedenen Hindernisse angesehen, die uns das Loslassen schwer machen können. Das können Antreiber sein wie »Sei stark!«, »Sei perfekt!«, »Streng dich an!«, »Beeil dich!« oder »Mach mich glücklich!«, auf die man uns in der Kindheit konditioniert hat. Oder auch das Festhalten an überholten Zielen und das Verharren in Abhängigkeit und Co-Abhängigkeit. Das Leben hält für uns so einige Schwierigkeiten bereit, die wir jedoch nach und nach überwinden können, indem wir sie uns bewusst machen und die Verantwortung für unser Leben und die Entfaltung unseres inneren Potenzials übernehmen.

Wir können unsere geistigen Fesseln lockern und uns den Prozess des Loslassens erleichtern, indem wir das Bild, das wir von uns und der Welt haben, transformieren.

Forschungen aus jüngerer Zeit belegen, wie sehr unser Verhalten von unseren Gedanken gesteuert wird. Aussagen wie die folgenden gelten inzwischen als bewiesen: »Energie und Aufmerksamkeit gehen dahin, wohin die Gedanken gehen.« Oder: »Was und wie wir denken, spiegelt sich in unserem körperlichen und geistigen Gesundheitszustand wider.«

Vor diesem Hintergrund möchten wir Sie einladen, sich mit den folgenden Gedanken, die auf den Einsichten bedeutender zeitgenössischer Denker beruhen, auseinanderzusetzen. Sie eröffnen uns einen anderen Blick auf die Wechselbeziehung zwischen Mensch und Umwelt – und helfen uns loszulassen.

Unsere Gedanken sind unser Werk, also können wir sie kontrollieren

So viele Menschen würden gern »loslassen«, »mit etwas aufhören« oder Groll und unnötige Sorgen »gehen lassen«. Leider werden sie immer wieder von ihren zwanghaften Gedanken verfolgt, obwohl sie sich nichts mehr wünschen, als diese endlich hinter sich zu lassen. In einer solchen Situation kann die folgende Technik nützlich sein:

- Zunächst ist es erforderlich, einen klaren Entschluss zu fassen: »Ich entscheide mich jetzt dafür, alle Gefühle des Bedauerns über meinen beruflichen Misserfolg loszulassen.«
- Taucht das Gefühl des Betrübtseins dann wieder auf, können wir uns vorstellen, dass es wie ein explodierender Feuerwerkskörper am Nachthimmel verglüht und für ein positives Gefühl Platz macht.

Wir können Misserfolge, Fehler und hinderliche Gewohnheiten überwinden, indem wir sie hinter uns lassen

Im Leben eines jeden Menschen wechseln Erfolg und Fehlschläge, Glück und Leid einander ab. Ob wir ein glückliches und harmonisches Leben führen oder unter der Bürde des Daseins ächzen, hängt einzig und allein davon ab, welche innere Haltung wir den unvermeidlichen Höhen und Tiefen des Lebens gegenüber einnehmen.

Nehmen wir einmal an, jemand hatte eine schwierige Kindheit, in der er nicht die Unterstützung und Zuwendung erfuhr, die er gebraucht hätte. Nun kann er sich natürlich auf diesen Aspekt seiner

Lebensgeschichte konzentrieren und bei jeder Gelegenheit seine unglückliche Kindheit als Entschuldigung für Misserfolge und Depressionen anführen. Er kann sich auf eine niemals endende Reise begeben, die ihn von Arzt zu Arzt, von Therapie zu Therapie, von »Heilmittel« zu »Heilmittel« führt, ohne jemals wirklich Heilung zu finden. Denn zu sehr hängt er innerlich an dem, was er erlitten hat und nicht erleiden wollte.

Auch wenn in manchen Fällen eine Psychotherapie durchaus empfehlenswert sein und jeder von uns nur davon profitieren kann, wenn er an seiner persönlichen Entwicklung arbeitet, so bleibt es doch dabei: Nur diejenigen haben es geschafft, ihre Probleme zu überwinden und ihr Leben zum Positiven zu verändern, die an einem bestimmten Punkt den Entschluss gefasst haben, alles Negative hinter sich zu lassen und ihre Aufmerksamkeit stattdessen der Frage zuzuwenden, wie sie sich ein Leben nach ihren Wünschen aufbauen können.

Wir können die Vergangenheit nicht gehen lassen, ohne Wut und Verbitterung überwunden zu haben
Das Leben bringt uns mit den unterschiedlichsten Menschen zusammen: solchen, mit denen man gut zurechtkommt, und solchen, die uns in irgendeiner Form verletzen oder unrecht tun. Das mag ein

Elternteil, ein Expartner, ein Lehrer, ein Chef, ein Kollege, ein Nachbar oder sonst eine Person sein, die für uns zum Stein des Anstoßes wird. Wir brauchen dann nur an diese Person zu denken, und schon spüren wir Wut in uns aufsteigen. Dabei könnten wir innerlich den Hebel einfach umlegen. Dazu müssen wir uns diesen Menschen nur vor unserem inneren Auge vorstellen. Doch statt den Finger dabei in die alte Wunde zu legen, stellen wir uns dabei vor, dass wir dieser Person begegnet sind, damit wir wachsen, reifen und auf unserem Weg voranschreiten.

Und statt uns in Rachegedanken zu ergehen, senden wir ihm Liebe! Anfangs mag uns das vollkommen abwegig und unmöglich erscheinen, doch mit der Zeit verändert sich etwas in uns. Eine Art innerer Heilung tritt ein, und unsere Einstellung diesem Menschen gegenüber wandelt sich. Selbst wenn wir ihm nie wieder über den Weg laufen sollten, ist eine ungeahnte neue Qualität in uns sichtbar geworden.

Worte sind Träger von Energie, daher sollten wir sorgfältig darauf achten, welche Art von innerem Dialog wir pflegen

Wenn wir den lieben langen Tag Sätze denken und sagen wie »Ich schaffe es nicht, loszulassen«, »Ich kann ihm nicht vergeben«, »Es war einfach zu schlimm, was er mir angetan hat«, »Ich kann sein Verhalten nicht tolerieren«, dann bestärken wir uns damit selbst in der Überzeugung, dass wir nichts tun können, um die Situation zu ändern.

Sagen wir uns dagegen: »Wenn ich an diese alte Geschichte denke, bleibe ich gelassen« oder »Ich übe mich in Vergebung, und wenn ich an meinen Exmann denke, bleibe ich ruhig«, steuern wir unsere Entwicklung nach unseren Wünschen, weil unsere Gedanken und Worte in die Richtung gehen, die wir einschlagen wollen.

Wir müssen uns auf das konzentrieren, was wir erreichen wollen, und nicht auf das, was wir abstellen oder loslassen möchten

Unser Gehirn ist so beschaffen, dass es mit positiv formulierten Botschaften besser zurechtkommt als mit negativen. Mit der Affirmation »Ich kann loslassen und inneren Frieden finden« werden wir dementsprechend weitaus mehr erreichen als mit einem Satz wie »Ich will auf Eduard nicht mehr wütend sein«.

Analysieren wir unsere Überzeugung, dass etwas unmöglich ist, können wir diese Überzeugung ändern

Vielleicht haben Sie bei der Lektüre der obigen Punkte im Stillen gedacht: »Alles schön und gut, aber das klappt doch nie.« Oder auch: »Das mit dem Loslassen klingt zu einfach, um wahr zu sein.« Unser Rat: Probieren Sie es aus, es funktioniert tatsächlich!

Schon Ralph Waldo Emerson, ein US-amerikanischer Philosoph und Schriftsteller des 19. Jahrhunderts, hat es ganz klar ausgedrückt: »Der Gedanke ist das Saatkorn der Tat.« Wir erschaffen mit unseren Gedanken die Wirklichkeit, die wir erfahren. Unser Leben ist das Leben, das wir mit unserer Imagination geschaffen haben, und wir ernten die Früchte unseres Denkens. Wenn wir alte Verletzungen wirklich loslassen wollen, dann können wir damit jetzt, genau in diesem Augenblick, anfangen. Wir müssen uns nur sagen, dass wir fähig sind loszulassen. Das tun wir am besten mit einer Affirmation, in die wir unseren Veränderungswunsch einfließen lassen. Die Verantwortung und die Macht, die gewünschten Veränderungen herbeizuführen, liegen allein bei uns. Niemand kann sie uns abnehmen.

Wenn Sie Ihre eigenen Affirmationen formulieren

möchten, sollten Sie dabei die folgenden einfachen Regeln beherzigen:

1. Formulieren Sie Affirmationen in der Gegenwartsform.
2. Formulieren Sie Affirmationen in der Ich-Form. (Für andere Menschen Affirmationen zu verwenden funktioniert nicht.)
3. Ihre Affirmationen sollten möglichst kurz gefasst und für Sie sinnvoll sein.

Affirmationen verändern nicht unsere Grundüberzeugungen, dafür sind sie nicht gedacht. Sie verändern vielmehr die Gefühlslage, die wir mit einer bestimmten Überzeugung verbinden.

Es fällt uns aber sehr viel leichter loszulassen, wenn wir in Bezug auf unser Problem eine positive, zuversichtliche Haltung einnehmen.

Es gibt eine bemerkenswerte Geschichte über einen Bahnarbeiter, der einen Kühlwaggon reinigen sollte. Er steigt in den Waggon, die Tür fällt hinter ihm zu und lässt sich nicht mehr öffnen. Er ist also im Waggon eingesperrt, und niemand hört seine Hilferufe. Am folgenden Morgen findet man den Mann erfroren im Waggon auf. Für den Suchtrupp ist es ein Rätsel, wie der Bahnarbeiter bei einer

Temperatur von 18 Grad Celsius (wohlgemerkt über null!) erfrieren konnte, da der Strom abgestellt war und die Kühlung somit nicht lief. Der Mann erfror nur aus einem einzigen Grund: weil er von dem Gedanken beherrscht war, erfrieren zu müssen.

Die Geschichte zeigt eindrucksvoll, dass einzig unser Bild der Wirklichkeit unser Tun und Lassen bestimmt, nicht die Wirklichkeit selbst. Es sind unsere Gedanken, die sogar über Leben oder Tod entscheiden.

Die eigenen Erwartungen ändern

»Weise loszulassen ermöglicht uns, mit unseren Kräften besser hauszuhalten, einen klaren Kopf zu bewahren, Lösungen zu finden, zu genießen, was wir hier und jetzt erfahren, und darüber hinaus uns und andere mehr zu lieben«, schreibt der bekannte Selbsthilfeautor Ken Keyes, bei dem wir im Folgenden einige gedankliche Anleihen zum Thema »Loslassen« gemacht haben.

Keyes zufolge ist es unbedingt notwendig, dass wir zwischen unseren *Abhängigkeiten* und *Vorlieben* unterscheiden. Denn exakt an dieser Trennlinie entscheidet sich, ob wir loslassen können oder nicht.

Jeder Mensch kann ein von Freude, Liebe und innerem Frieden erfülltes Leben führen, wenn er die Vergangenheit und alles, was damit an Reue, Verletzung und Verbitterung verbunden ist, loslässt. Warum aber schleppen dann so viele Menschen diese Emotionen über lange Jahre mit sich herum? Weil sie Erwartungen hegen, die sie von anderen Menschen und den äußeren Umständen in ihrem Leben abhängig machen. Oder anders ausgedrückt: Sie reagieren mit Enttäuschung, Trauer oder Ärger, wenn ihre Bedürfnisse von ihrem Umfeld nicht befriedigt werden. Diese negativen Emotionen verhindern, dass sich innere Zufriedenheit einstellt, sie erzeugen körperliche Verspannungen und geben den Betreffenden das Gefühl, von anderen Menschen emotional abgeschnitten zu sein.

In diesem Zustand gelingt es uns nicht mehr, loszulassen und unsere Aufmerksamkeit auf andere Dinge zu richten. Jahre und Jahrzehnte halten uns die an die Außenwelt geknüpften Erwartungen gefangen: Wir können nicht verwinden, dass die Eltern dem Bruder einen Hektar Land mehr vererbt haben, oder wir trauern für den Rest unserer Tage dem Partner nach, der uns verlassen hat.

Natürlich sind das schmerzliche Erfahrungen,

und es wäre schöner gewesen, die Eltern hätten das Land gerecht verteilt oder der Partner hätte sein Eheversprechen gehalten. Doch so ist es nun einmal. Und es sind nicht die Umstände, die uns unglücklich machen, sondern die Art, wie wir sie interpretieren – unsere geistige Programmierung also, die dazu führt, dass wir unser Glück von äußeren Faktoren abhängig machen.

Doch es steht uns auch ein anderer Weg offen, nämlich der, unseren Vorlieben nachzugehen. Mit »Vorliebe« meinen wir hier ein Bedürfnis, das, wenn es nicht erfüllt wird, dennoch weder zu Depressionen, Verspannungen oder Entfremdungsgefühlen führt.

Solche negativen emotionalen Zustände sind das Produkt bestimmter Botschaften und Überlegungen, die ständig in unserem Geist »kreisen« und eine Art Filter bilden, durch den wir die Geschehnisse interpretieren.

Das kann sich dann so anhören: »Es ist einfach das Letzte, dass mein Bruder mehr bekommen hat als ich. Ich habe jedes Recht, mich darüber zu ärgern, und ich werde das auch immer tun.« Oder so: »Es war total gemein von meinem Mann, mich wegen einer anderen sitzen zu lassen. Ich werde den Rest meines Lebens unglücklich und tief enttäuscht sein.« Eine solche Haltung verhindert das Loslassen, weil wir uns völlig von dem schmerzlichen Ereignis abhängig machen, das uns widerfahren ist.

Verschiebt sich unser Fokus von Abhängigkeit in Richtung Vorliebe, so heißt das nicht, dass wir solche schmerzlichen Ereignisse sofort annehmen können. Es bedeutet auch nicht, dass Trauer, Wut oder der Wunsch, den Lauf der Ereignisse umzukehren, verschwinden. Doch unsere schmerzlichen Erfahrungen erzeugen keine negativen Emotionen wie Hass oder Eifersucht, die uns anderen Menschen entfremden. Ganz im Gegenteil: Die geänderte innere Haltung lässt uns zu innerem Frieden und Freude zurückfinden. Beides reift langsam in uns heran und macht uns bereit, loszulassen und uns für das zu öffnen, was die Zukunft für uns bereithält.

Das Leben stellt uns tagtäglich und selbst bei den kleinsten Entscheidungen immer vor die Wahl: *Vorliebe* oder *Abhängigkeit.*

Nehmen wir einmal an, dass Klara wütend ist und sich allein gelassen fühlt, weil Ernst ihr ursprünglich versprochen hatte, er würde um 18 Uhr von der Arbeit nach Hause kommen. Nun ist es bereits 19 Uhr, und Ernst hat nicht einmal angerufen. Von außen betrachtet, stellt sich die Situation so dar: Klara erzeugt in sich die Erfahrung von Ärger und Einsamkeit, weil ihre innere Programmierung verlangt, dass Ernst tut, was er gesagt hat, nämlich um 18 Uhr zu Hause zu sein. Nicht Ernst ist der Auslöser dafür, dass Klara frustriert ist, sondern ihre Abhängigkeit von Ernst.

Nehmen wir nun an, dass kurz nach 18 Uhr eine liebe Freundin von Klara, die sie schon eine Ewigkeit nicht mehr gesehen hat, an der Tür läutet. In diesem Fall hätte Klara sehr wahrscheinlich gar nicht mehr daran gedacht, dass ihr Mann zu spät dran ist, und es hätten sich keinerlei Gefühle von Ärger oder Alleinsein eingestellt. Womit erwiesen wäre, dass Ernst nicht für Klaras Gefühlslage verantwortlich ist.

Es sind also die uns von äußeren Faktoren oder anderen Personen abhängig machenden Erwartungen, die uns am Loslassen hindern. Doch wir können diese geistige Programmierung jederzeit ändern.

- Was genau lässt mich im Moment leiden?
- Was ärgert mich?
- Worüber bin ich enttäuscht?

Fragen Sie sich dann als Nächstes, welche abhängig machende Erwartung hinter der jeweiligen Empfindung steht.

4

Rituale, die das Loslassen erleichtern

Seit Urzeiten setzt der Mensch Rituale ein, da sie wichtige Ereignisse im Leben mit Sinn füllen. Rituale und Zeremonien geben uns die Zeit und den Raum, innezuhalten und nachzudenken über die Veränderungen, die unser Leben erfährt. Sie sind ein zentrales Element unserer Existenz, denn sie verbinden uns mit der Vergangenheit, verleihen der Gegenwart Bedeutung und weisen uns den Weg in die Zukunft.

Rituale sind symbolische Handlungen, die durch Gerüche, Klänge und Farben unser sensorisches Gedächtnis anregen. Sie stärken die Kontinuität im Leben und erlauben gleichzeitig den Wandel. Nicht zuletzt tragen sie dazu bei, unsere Sicht der Wirklichkeit zu verändern, erinnern uns daran, dass das Leben ein ständiger Fluss ist, und machen es uns so leichter loszulassen. Rituale sind für alle Altersstufen wichtig.

Totenriten

Rituale im Zusammenhang mit Tod und Sterben sind überaus wichtig, da sie uns in unserer Trauerarbeit unterstützen. Sie zeigen uns unmissverständlich, dass etwas zu Ende gegangen ist, helfen uns zu verstehen, was geschehen ist, und machen uns so das Loslassen leichter.

Totenriten gestatten uns, unsere Trauer auszudrücken und mit denen zu teilen, die mit uns von diesem Verlust betroffen sind. Sie geben uns Gelegenheit, der Verstorbenen zu gedenken und sich gemeinsam der lustigen oder auch tragischen Ereignisse aus seinem Leben zu erinnern.

Heutzutage besteht zunehmend die Tendenz, auf solche Rituale zu verzichten oder sie auf ein Minimum zu reduzieren. Immer häufiger sieht man Todesanzeigen, in denen zu lesen ist: »Die Beisetzung findet im engsten Familienkreis statt.« Auch wenn diese Praxis mit weniger Kosten für die Hinterbliebenen verbunden sein mag, so kann sie doch unter Umständen den Trauerprozess blockieren und damit zum Hindernis werden, das Geschehene loszulassen und wieder nach vorn zu blicken.

In einer Zeit, in der die traditionellen, meist religiösen Totenriten für viele Menschen ihre Bedeutung verloren haben, ist es besser, über neue Formen von

Zeremonien für Verstorbene nachzudenken, statt einfach ganz darauf zu verzichten. Eine Gedenkfeier, eine Gedichtlesung, eine musikalische Andacht, ein Augenblick der Meditation, ja selbst das Steigenlassen von weißen Ballons sind Möglichkeiten, wie wir uns dem Loslassen öffnen können.

Scheidungszeremonien

Scheidungen gehören zu den Situationen im Leben, in denen das Loslassen besonders schwerfällt. Wenn ein Paar sich scheiden lassen will, so bedeutet dies, dass es an einem Punkt angelangt ist, an dem es ihm aus schwerwiegenden Gründen unmöglich geworden ist, die Ehe zu führen, die es sich gewünscht und erträumt hat. Es ist das Eingeständnis des Scheiterns, das die Partner dazu bewegt, sich zu trennen – mit allem, was dies an Kämpfen, Verbitterung und Spannungen mit sich bringen kann.

Während der Tod zwei Menschen unwiderruflich auseinanderreißt, pflegen geschiedene Paare häufig auch nach der Trennung noch Umgang miteinander. Sind gemeinsame Kinder da, so werden durch eine Scheidung zwar die Bande der Ehe, aber nicht die der Elternschaft aufgelöst, und dies kann mit erheblichen Kommunikationsproblemen einhergehen. Besonders dann, wenn ein Elternteil keine Scheidung will und vor vollendete Tatsachen gestellt wird, kommt es vor, dass er die Kinder dazu benutzt, den Expartner zu bestrafen.

Da die Möglichkeit, sich scheiden zu lassen, erst vergleichsweise kurze Zeit besteht, fehlt es in unserer Gesellschaft an Scheidungszeremonien, die den Akt der Trennung rituell besiegeln. Diese Tatsache ist einer der Hauptgründe dafür, dass vielen Geschiedenen das Loslassen so schwerfällt. Darum möchten wir Ihnen im Folgenden einige Scheidungszeremonien vorschlagen.

Die Scheidungsanzeige

Haben die geschiedenen Eheleute sich ausgesprochen und sind nicht länger wütend aufeinander, sodass sie wie Erwachsene miteinander umgehen und sich an einen Tisch setzen können, kann es für sie und ihr Umfeld sehr heilsam sein, eine Scheidungsanzeige aufzusetzen und diese an Familienangehörige, Freunde und enge Bekannte zu verschicken.

Hier eine von vielen Möglichkeiten, wie eine solche Anzeige aussehen kann:

Liebe Eltern, liebe Freunde,

nach neun gemeinsam miteinander verlebten Jahren, in denen wir die Freude hatten, die Geburt unserer Tochter Julia* und unseres Sohnes Paul zu erleben,

ist unsere Ehe an einem Punkt angelangt, an dem wir uns aus verschiedenen Gründen entschlossen haben, uns zu trennen.

Julia und Paul werden bei ihrer Mutter wohnen und ihren Vater regelmäßig besuchen. Wir möchten jedem Einzelnen von euch für die Zuneigung, Freundschaft und Unterstützung danken, die ihr uns in den vergangenen neun Jahren so großzügig habt zuteilwerden lassen. Wir möchten euch bitten, uns auch weiterhin eure Freundschaft und Zuneigung zu schenken, auch wenn wir künftig getrennte Wege gehen und in einen neuen Abschnitt unseres Lebens eintreten. Nachstehend findet ihr unsere neuen Adressen und Telefonnummern. Wir freuen uns, weiterhin in Kontakt mit euch allen zu bleiben.

Es grüßen euch herzlich
Ernst und Klara

Dies ist wie gesagt nur ein Beispiel. Jede Scheidungsanzeige hat individuellen Charakter und spiegelt die Einmaligkeit des Paares wider, das sich trennt.

---

* Alle Namen im Buch geändert.

Beispiele für Scheidungszeremonien

Wie ein Paar zu einer Scheidungszeremonie steht, hängt ganz davon ab, wie fair und konstruktiv die Trennung vonstattengeht, wie offen die Partner und deren Freunde sowie Verwandte sind, aber auch von den religiösen Überzeugungen der Beteiligten und davon, wie stark deren Wunsch ist, einen Schlussstrich zu ziehen. Nachfolgend einige Anregungen, wie sich entsprechende Zeremonien gestalten lassen.

Religiöse Scheidungszeremonie
Mögliche Orte für die Zeremonie:
In der freien Natur, in einer Kapelle oder einer Begegnungsstätte. Nicht ratsam ist es, die Zeremonie in der Wohnung eines der beiden Partner abzuhalten.

Das wird benötigt:
- Ein Metallbecken zum Verbrennen von Papier.
- Ein Text bzw. ein Brief, den jeder der beiden Expartner vorbereitet hat, in dem er allen Kummer und alle Enttäuschungen, die er im Laufe der Ehe erfahren hat, sowie seine Wut auf den anderen festhält.
- Ein Freund oder eine Freundin, ein Geistlicher oder ein Therapeut als Zeremonienmeister.

Ablauf der Zeremonie
(nach Gay und David Williamson):

Ernst und Klara,
ihr seid heute hierhergekommen, um gemeinsam die
Lösung eurer ehelichen Verbindung zu vollziehen und
künftig getrennte Wege zu gehen.
Ehe wir beginnen, lasst uns beten: »Herr, wir danken dir,
dass du heute hier mit uns bist, da zwei geliebte Menschen unabhängig voneinander zu neuen Erfahrungen
aufbrechen. Gib, dass sie sich – angesichts der neuen
Herausforderungen, die sie erwarten – deines Beistands
stets gewiss sind. Lass dein Licht leuchten über den
Wegen, die sie von nun an beschreiten werden, und
erfülle sie mit deiner Liebe. Mögen deine Kraft, dein
Licht und deine Liebe in den Tagen, die nun kommen,
mit ihnen sein. Amen.«
Im Laufe unseres Lebens nehmen wir an zahlreichen
Zeremonien teil. Manchmal ist der Anlass ein freudiger,
manchmal ein trauriger. All diese Riten sind dazu da, um
uns den Übergang von einer Lebensphase in die nächste
bewältigen zu helfen. Heute haben wir uns hier versammelt, um teilzuhaben an einem Ritual, mit dem der
Übergang aus der Gemeinsamkeit in die Trennung
vollzogen werden soll. Es ist unser Wunsch, dass dieser
Übergang in wechselseitigem Respekt und in Frieden
geschieht, ohne jedoch den Schmerz zu leugnen, den
die beiden Partner und alle, die ihnen nahestehen,
empfinden.
Durch den gesetzlichen Akt, den ihr vollzogen habt, seid

ihr nun wieder ledig und bereit, einen neuen Sinn für euer Leben zu finden sowie auf der Grundlage von Respekt und aufrichtiger Kommunikation neue Partnerschaften einzugehen. Doch damit dies gelingen kann, ist es notwendig, die Vergangenheit loszulassen und mit ihr alles, was ihr an Schmerz, Enttäuschung, Angst, Groll und sonstigen negativen Gefühlen gegenüber eurem Expartner vielleicht noch empfinden mögt. Darum verbrennt nun vor den Augen der hier Anwesenden die Schriftstücke, in denen ihr all diese Dinge festgehalten habt.

Ihr habt die Fähigkeit, euch wieder ein von Frieden und Harmonie erfülltes Leben aufzubauen. Wenn ihr einander verzeiht, findet ihr im Loslassen von Schmerz und Verbitterung neue Freiheit.

Bewahrt euch die Erinnerung an das, was gut und schön war in eurem gemeinsamen Leben, an das, was ihr gelernt, und an die Weisheit, die ihr entwickelt habt. Würdigt aber auch euren Kummer und euren Streit. Das Verbrennen dieser Schriftstücke steht symbolisch für den Übergang von eurem Leben als Paar zu einem Dasein als getrennte Menschen. Schreitet voran und bringt Weisheit, Liebe und Verständnis zum Ausdruck. Ernst und Klara, verbrennt nun diese Schriftstücke mit den Worten: »Im Geiste der Wahrheit, ich bin frei und du bist frei.«

Nachdem ihr einander nun freigegeben habt und frei seid, gebt ihr den Schutz und die Unterstützung auf, die ihr euch während eurer Ehe gegenseitig gewährt habt. Mögen euch dadurch auch manchmal Gefühle von

Unsicherheit und Angst befallen, so seid ihr doch in eurem tiefsten Inneren niemals allein, denn Gott ist bei euch, jetzt und immerdar.

Möge der Geist Gottes euch Trost spenden, wenn ihr trauert um das, was gewesen ist. Möge das Auge eures Geistes euch eure Kraft enthüllen, neue Entscheidungen zu treffen, damit ihr all eure Anlagen entwickeln könnt. Nehmt eure Gefühle an, lasst den Wandel sich vollziehen, lasst euch leben und lieben. Möge der Frieden des Geistes euch und euer Herz erfüllen, jetzt und in alle Ewigkeit. Amen.«

Scheidungszeremonie für ein konfessionsloses Paar mit Kindern

Mögliche Orte für die Zeremonie:

Ein Raum in einer Begegnungsstätte, einem Hotel oder in der Wohnung/dem Haus von gemeinsamen Freunden, die nicht mit einem der geschiedenen Partner verwandt sind.

Das wird benötigt:

- Vor der Zeremonie haben die Expartner ihre Eheringe von einem Juwelier zu Schmuckstücken für die Kinder umarbeiten lassen.
- Passende Musikstücke.
- Ein gemeinsamer Freund oder ein Therapeut, der die Zeremonie leitet.

Ablauf der Zeremonie:

Musik

Wir haben uns hier versammelt, um Ernst und Klara und ihren Kindern Paul und Julia mit unserer Liebe und Unterstützung bei ihrer Trennung beizustehen.

Eine wahre Ehe ist nicht nur die Vereinigung von zwei Körpern, sie ist auch die Vereinigung von zwei geistigen Wesen, von zwei Seelen, die beschließen, einen gemeinsamen Weg zu gehen.

Ernst und Klara haben Vertrauen zueinander entwickelt, ihre Liebe miteinander geteilt und zwei Kindern, die sie sich gewünscht haben und die sie lieben, das Leben geschenkt.

Wenn es zu einer Trennung kommt, so bedeutet dies für die Ehepartner, ihre Kinder und auch für die Menschen ihrer Umgebung viel Leid und Schmerz. Zu diesem Leid und Schmerz gesellen sich zahlreiche Fragen, Zweifel und Ängste.

Die Entscheidung, sich scheiden zu lassen, ist nicht per se gut oder schlecht. Vielmehr ist sie Ausdruck einer bewusst getroffenen Wahl. Es ist nicht nur unser Recht, sondern auch unsere Verantwortung, einen Weg für uns zu wählen, der uns den höchstmöglichen Ausdruck unserer Fähigkeiten und Talente sowie unserer spirituellen Seite erlaubt. Für welchen Weg wir uns auch entscheiden, keiner ist frei von Leid.

Auch wenn ihr heute eure eheliche Gemeinschaft für beendet erklärt, so bleibt doch eure Beziehung als Eltern eurer Kinder, denen ihr weiterhin eure ganze Unterstützung geben wollt, bestehen. Möge diese Beziehung von Weisheit und Güte getragen sein.

Nun bitte ich euch, dass ihr zueinander die folgenden Worte sprecht:

»Hiermit erkläre ich, dass unsere Ehe nunmehr endet. Ich trete jetzt in eine neue Beziehung zu dir ein. Ich werde die Erinnerung an die schönen und guten Dinge, die wir miteinander erlebt haben, bewahren. Ich wünsche dir und unseren Kindern alles Gute und verspreche dir, dass ich dich als Mensch achten werde.«

Nachdem beide Ehepartner ihre Erklärung abgegeben haben, bittet der Leiter der Zeremonie die Kinder, sich zwischen ihre Eltern zu stellen, und sagt:

»Ihr seid nicht verantwortlich für diese Trennung. Die Verantwortung dafür liegt ausschließlich bei euren Eltern. Ihr nehmt nach wie vor einen sehr wichtigen Platz in ihrem Leben ein. Als ihr geboren wurdet, waren eure Eltern sehr glücklich, und ihr schenkt ihnen weiterhin große Freude.«

Im Anschluss daran richten die Eltern das Wort an ihr Kind/ihre Kinder:

»*(Vorname des Kindes)*, ich bin und werde immer von Dankbarkeit erfüllt sein, weil es dich gibt. Nichts kann meine Liebe zu dir verringern, auch nicht die Tatsache, dass deine Mutter *(dein Vater)* und ich beschlossen haben, getrennt zu leben.«

*Dann überreichen die Eltern ihren Kindern die Schmuck-
stücke, die sie aus ihren Eheringen haben machen lassen.*

*Zum Abschluss der Zeremonie spricht der Leiter die
folgenden Worte:*

Möge alles, was kostbar, schön und wahr ist, jetzt und in
Zukunft euer Leben bereichern und das Leben eurer
Kinder und all derer, die ihr liebt.

Musik und Ende

Scheidungszeremonie ohne den Expartner

Lehnt der Expartner es ab, an einer Scheidungszeremonie teilzunehmen, kann der andere Partner
eine solche auch allein durchführen und sich dabei
symbolisch an den abwesenden ehemaligen Ehepartner wenden. Der Ablauf der Zeremonie selbst
bleibt der gleiche.

Ein Beispiel: Ernst* hat sich mit sechs anderen Personen auf einem Hügel über der Stadt eingefun-
den. Neben Ernst sind noch sein Bruder, sein Vater,
sein elfjähriger Sohn Fritz, eine Tante seiner Exfrau,
der er immer sehr nahestand, sowie zwei sehr gute
Freunde von ihm gekommen.

Er hat beschlossen, die Zeremonie, die er mit seinem Psychotherapeuten ausgearbeitet hat, selbst
zu leiten.

Zunächst bittet Ernst die Anwesenden, sich in einem Kreis um ihn herum aufzustellen. Er erklärt ihnen den Zweck der Zeremonie, die er abhalten will, danach geht er auf jeden Einzelnen zu, sieht ihm in die Augen und dankt ihm für seine Unterstützung.

Daraufhin nimmt er wieder seinen Platz in der Mitte des Kreises ein und sagt: »In eurer Gegenwart möchte ich Klara (seiner Exfrau) danken für die Liebe und den Reifeprozess auf menschlicher Ebene, den wir miteinander geteilt haben. Ich weiß, dass diese Momente nun Teil meiner selbst sind. Heute lasse ich los und lasse Klara gehen in der Hoffnung, dass sie und ich Frieden finden werden.«

Als Nächstes wendet er sich an seinen Sohn mit den Worten: »Fritz, wir zwei haben viel über diese Scheidung gesprochen. Hier und jetzt möchte ich dir nur sagen, wie sehr ich dich liebe und wie wichtig du in dieser schwierigen Zeit für mich bist. Die Zukunft hält viel Freude für dich bereit, und ich verspreche dir, dass ich immer da sein werde, um dir zu helfen, diese Freude zu finden. Ich kann den Schmerz, den du heute spürst, fühlen. Ich hoffe aber, dass wir eines Tages zurückblicken und sagen können, dass dieser Tag der Beginn einer neuen Gemeinsamkeit war.«

Anschließend tritt Ernst aus dem Kreis heraus und bittet die Anwesenden, den Kreis hinter ihm zu schließen. Nachdem er eine Weile außerhalb gestanden ist, tritt er wieder ins Innere des Kreises. Mit diesem Akt symbolisiert er das Verlassen des Kreises von Freunden und Angehörigen als Ehemann und das Wiedereintreten als geschiedener Ehepartner.

Danach bittet er die Anwesenden, die Augen für einen kurzen Moment der Besinnung zu schließen. Im Anschluss lädt er sie ein, ihn zu einer nahe gelegenen Lichtung zu begleiten, wo er zuvor einen Spaten, eine Gießkanne mit Wasser und einen kleinen Strauch, die er am Morgen gekauft hat, deponiert hat. Er bittet die Anwesenden, wieder einen Kreis um ihn zu bilden, während er ein Loch aushebt. Dann lädt Ernst seinen Vater und seinen Sohn ein, ihm beim Setzen der Pflanze zu helfen. Anschließend gießt er mit ein wenig Wasser an und reicht dann die Gießkanne an die Teilnehmer der Zeremonie weiter mit der Bitte, nun ihrerseits den Strauch zu wässern. Nachdem die Kanne reihum gegangen ist, spricht er den folgenden Wunsch aus: »Möge aus den Wurzeln von Vergangenheit und Gegenwart eine strahlende Zukunft erwachsen.«

Nach einem kurzen Moment des Schweigens umarmt er die Anwesenden oder schüttelt ihnen die Hand.

»Und jetzt seid ihr alle in mein Lieblingsrestaurant eingeladen!«

Ein Jahr nach dieser Zeremonie sagte Ernst zu seinen Freunden: »Dieser Tag war für mich sehr wichtig, weil ich innerlich einen großen Schritt nach vorne gemacht habe. Ich konnte loslassen und eine neue Seite in meinem Leben aufschlagen.«

Letztendlich kann jeder eine solche Zeremonie ganz nach seinen persönlichen Bedürfnissen gestalten, allerdings sollte sie in jedem Fall die folgenden Elemente enthalten:

- Die Anerkennung der Tatsache, dass eine Scheidung eine ernste Angelegenheit ist, ausgedrückt in Worten, die sich jedes Urteils und jeder Schuldzuweisung enthalten.
- Das Versprechen, den Expartner jetzt und in Zukunft mit Respekt zu behandeln.
- Einen konkreten Akt, der das Ende der Ehe symbolisiert. So eine symbolische Handlung kann beispielsweise darin bestehen, einen Baum zu pflanzen, nachdem man die Eheringe in das Loch gelegt hat, das für den Baum gegraben wurde; ein breites Band zu durchtrennen oder vom Handgelenk des Expartners zu lösen; die Eheringe zu verkaufen und den Erlös für wohltätige Zwecke zu spenden.

Derartige Akte besitzen große symbolische Kraft. Eine von der Universität von Florida durchgeführte Untersuchung hat unlängst gezeigt, dass entsprechende Rituale den Trauerprozess nach einer Scheidung verkürzen und das Loslassen erleichtern.

Rituale für das Loslassen im Alltag

Doch nicht nur beim Abschiednehmen von einem geliebten Menschen – sei es nun von einem Verstorbenen oder einem Ehepartner – können Rituale hilfreich sein. Sie erleichtern uns das Loslassen auch in vielen ganz alltäglichen Situationen.

Bedauern und Schuldgefühle loslassen

Irren ist menschlich. Im Leben eines jeden von uns gibt es, wenn wir ehrlich mit uns selbst sind, Dinge, die wir bedauern. In jedem von uns finden sich Anteile, die wir gerne ändern würden. Manchmal sind diese Gefühle der Reue oder des Bedauerns so stark, dass wir sie gar nicht mehr aus dem Kopf bekommen. Für solche Fälle gibt es ein sehr hilfreiches und nützliches und dabei überraschend einfaches Ritual: *die Feuerschalen-Zeremonie.*
Schreiben Sie dazu all die Dinge, die Sie bedauern und gern loslassen möchten, auf ein Blatt Papier. Dieses legen Sie dann in eine Metallschale und verbrennen es. Sie können dieses Ritual allein, in der Familie oder in der Gruppe durchführen, z.B. bei einem Familientreffen.

Abschied vom Berufsleben

Aus dem Erwerbsleben auszuscheiden und in den Ruhestand zu gehen kann bei den Menschen, die in diesen neuen Lebensabschnitt eintreten, zwiespältige Gefühle auslösen. Auf der einen Seite sind sie froh, nun endlich Zeit für sich zu haben und die Dinge tun zu können, die sie schon immer gern tun wollten. Auf der anderen Seite müssen sie sich damit abfinden, dass die Zeit, in der sie ihrem Beruf nachgingen, unwiderruflich vorbei ist. Manche Ruheständler empfinden diesen Übergang als sehr schmerzhaft, vor allem wenn ihre letzten Berufsjahre schwierig waren.

Wir erinnern uns noch gut an einen Pensionisten, der im Gesundheitswesen tätig gewesen war. Zwei Jahre lang brachte er es nicht über sich, seine neue Adresse bekannt zu geben, und holte seine Post lieber täglich in seiner ehemaligen Wirkungsstätte ab, wo er 30 Jahre seines Berufslebens verbracht hatte.

Ein Ritual oder eine Zeremonie kann den Eintritt in den Ruhestand erleichtern. Und je mehr solch ein symbolischer Akt den Einzelnen und seine Leistungen würdigt, desto leichter und schneller wird er loslassen können.

Vergangenes loslassen, um offen für das Kommende zu werden

Heutzutage ist unser Leben mit sehr schnellen und häufigen Veränderungen verbunden, sie sind fast schon der Normalfall geworden. Einige Forscher sind der Ansicht, dass die Ursachen dafür, dass wir uns mit Veränderungen oftmals so schwertun, im Fehlen von Ritualen zu suchen sind, die uns den Übergang erleichtern.

In Ermangelung solcher Rituale fällt es uns häufig schwer, die Vergangenheit loszulassen und uns für das zu öffnen, was kommt. Gerade für Menschen, deren Aufgabe es ist, Familienangehörige, Mitarbeiter oder Patienten durch die vielfältigen Veränderungen, die das Leben nun mal mit sich bringt, zu begleiten, kann es daher eine unschätzbare Hilfe sein, Rituale zu erarbeiten, die es den Betroffenen leichter machen, den Wandel zu bewältigen.

Die früher in unserer Kultur fest verwurzelten Erntefeste sind ein gutes Beispiel für solche Rituale. Heutzutage brauchen wir wieder mehr Feste und Feiern, die die Leistungen derer würdigen, die mit Wandel und Veränderung zurechtkommen müssen. Wir brauchen eine neue »Erinnerungskultur«, die sich beispielsweise darin ausdrückt, dass wir Tagebuch schreiben, Ausstellungen organisieren,

Mitarbeitern öffentlich unseren Dank für ihre Leistungen aussprechen.

Führt z.B. eine »junge, dynamische Führungskraft« in einem Betrieb neue Arbeitsabläufe ein, die den Beschäftigten das Gefühl geben, dass man sie nicht würdigt, vielleicht sogar geringschätzt, so werden sie höchstwahrscheinlich diesen neuen Prozeduren ablehnend gegenüberstehen und nicht aufhören, sich zu beklagen, dass »früher alles besser war«.

Mitarbeitern durch geeignete Rituale, Zeremonien oder Feiern dabei zu helfen, sich von alten Standards zu verabschieden und sich neuen Verfahrensweisen zu öffnen, ist zwar eine große Herausforderung für die Personalabteilungen von Firmen und Institutionen, aber die positiven Auswirkungen auf das Betriebsklima, die Motivation und die Arbeitsleistung der Beschäftigen machen dies mehr als wett.

Kleine Selbstbefragung zum Thema »Loslassen«

- Gibt es Situationen, in denen ich nicht loslassen kann?
- Gibt es Rituale, die mir beim Loslassen helfen können?
- Wie könnten Rituale aussehen, die ich mir selbst schaffe?
- Wer könnte an diesen Ritualen teilnehmen?
- Wie kann ich den ersten Schritt machen, um loszulassen?

5

Mithilfe des Visualisierens leichter loslassen

Nur wer gelernt hat loszulassen, vermag ganz im gegenwärtigen Augenblick zu leben, ohne an Vergangenem festzuhalten oder sich um eine imaginäre Zukunft zu sorgen. Auch wenn viele von uns dieser Aussage theoretisch zustimmen, so fällt es uns in der Praxis doch oftmals schwer, wirklich loszulassen. Wir haben in den vorangegangenen Kapiteln bereits gesehen, dass wir – um loslassen zu können – uns zunächst einmal der Situation, in der wir uns befinden, bewusst werden und dann die Verantwortung für unser Leben übernehmen müssen. Im nächsten Schritt machen wir uns dann klar, welche hinderlichen Glaubenssätze wir verinnerlicht haben, und transformieren diese mithilfe von Affirmationen. Schließlich unterstützen wir diesen Wandlungsprozess mit geeigneten Ritualen.

Das Visualisieren ist ein weiteres sehr nützliches

Werkzeug, das uns dabei helfen kann, loszulassen. Es handelt sich um eine mentale Technik, bei der wir in unserer Vorstellung ein Bild dessen erschaffen – imaginieren –, was wir erreichen wollen.

Jeder von uns nutzt im Alltag ständig Visualisierungen: Wir stellen uns vor, was wir tun wollen, wohin wir gehen, wie wir es anstellen, ein bestimmtes Ziel zu erreichen … Wollen wir beispielsweise mit dem Auto zu einer bestimmten Adresse in der Stadt fahren, dann visualisieren wir im Vorhinein die Route, die wir nehmen wollen, »sehen« vor unserem geistigen Auge die Straßen, die Kreuzungen, die Einbahnstraßen, markante Wegpunkte.

Ohne die Fähigkeit zur Visualisierung würden wir niemals an unserem Bestimmungsort ankommen. Allerdings nutzen wir dieses Potenzial häufig auch zu unserem Nachteil, wenn wir uns z. B. ausmalen, wie etwas schiefgeht.

Mit positiven Inhalten gefüllt und konstruktiv genutzt, ist das Visualisieren eine wunderbare Technik, die uns beim Loslassen unterstützt. In der Entspannung entwickeln wir mithilfe unserer Vorstellungskraft ein klares mentales Bild dessen, was wir loslassen wollen, sowie eine symbolische Geste, die für den Akt des Loslassens steht. Wenn wir dann unsere Aufmerksamkeit auf dieses mentale Bild richten und es mit positiver Energie aufladen, kann sich unsere Vorstellung verwirklichen.

Anleitung zum erfolgreichen Visualisieren

1. Wählen Sie eine Tageszeit, zu der Sie etwa 15 bis 20 Minuten ungestört sind.
2. Ziehen Sie sich an einen ruhigen, angenehmen Ort zurück.
3. Setzen Sie sich mit geradem Rücken auf einen Stuhl oder einen nicht allzu weichen Sessel, wobei Sie die Arme auf den Lehnen ablegen. Die Handflächen der geöffneten Hände zeigen nach oben, die Fußsohlen liegen ganz auf dem Boden auf. Sie können auch im Liegen üben, sofern Sie nicht dazu neigen, dabei einzuschlafen.
4. Richten Sie nun Ihre Aufmerksamkeit auf die Atmung. Atmen Sie durch die Nase ein und durch den Mund aus. Die Ausatmung sollte etwas langsamer und länger als die Einatmung sein, denn das wirkt beruhigend auf Körper und Geist.
5. Stellen Sie sich nun vor, wie sich Ihr ganzer Körper von Kopf bis Fuß entspannt, und

werden Sie sich dieses Zustandes der Entspannung bewusst.

6. Sobald Sie in diesen Zustand körperlicher und geistiger Entspannung eingetreten sind, können Sie mit Ihrer Visualisierung beginnen.

7. Wiederholen Sie diese Übung so oft, bis Sie wirklich loslassen können. Das kann mehrere Visualisierungen täglich über einige Tage brauchen.

Es gibt mehrere Möglichkeiten, wie Sie Ihre Visualisierung durchführen können:

- Lesen Sie sich, bevor Sie visualisieren, die Anleitung dazu aufmerksam durch. Prägen Sie sich den Text in groben Zügen ein, um ihn während der eigentlichen Übung aus dem Gedächtnis zu verwenden.
- Sprechen Sie Ihre Visualisierung langsam in ein Aufnahmegerät und spielen die Aufnahme ab, sobald Sie sich entspannt haben.
- Bitten Sie eine Person Ihres Vertrauens, Ihnen den Text der Visualisierung langsam vorzulesen, sobald Sie sich entspannt haben.
- Nutzen Sie eine der zahlreichen im Handel erhältlichen CDs, Hörbücher und Ähnliches mit speziellen Entspannungsprogrammen, die Sie beim Loslassen unterstützen können.

- Und nicht zuletzt: Sie können sich auch selbst Visualisierungen ausdenken.

Viele Autoren bieten in ihren Büchern Visualisierungsübungen an, die loszulassen helfen. Einige dieser Titel finden Sie im Literaturverzeichnis am Ende dieses Buches.

Ausgewählte Beispiele für Visualisierungen

Der Kahn

Stellen Sie das Telefon ab und ziehen Sie sich an einen Ort zurück, an dem Sie in den nächsten 20 Minuten nicht gestört werden. Legen oder setzen Sie sich bequem hin. Richten Sie Ihre Aufmerksamkeit auf die Atmung. Spüren Sie, wie der Atem ein- und ausströmt ... Stellen Sie sich beim Einatmen vor, wie der Sauerstoff jeden Ihrer Muskeln entspannt ... Bleiben Sie mit Ihrer Aufmerksamkeit bei der Atmung, jedoch ohne sie zu forcieren. Wenn Ihr Körper vom Kopf bis zu den Zehen entspannt und gelöst ist, stellen Sie sich vor, dass Sie sich am Ufer eines großen Flusses befinden ... Es ist ein herrlicher Sommerabend ... Sie sitzen hier, am Ufer dieses Flusses ... Friede erfüllt Sie ... Neben Ihnen steht ein großer Jutesack ... Diesen Sack haben Sie mit Steinen gefüllt, die all das symbolisieren, was Sie loslassen wollen: Ihre Erwartungen und Glaubenssätze, das Bedürfnis, »recht zu haben«, Reuegefühle über Vergangenes, Zukunftsängste – all die hinderlichen Aspekte Ihres Lebens, an denen Sie bisher festgehalten haben und von denen Sie sich verabschieden möchten … Während Sie dort am Ufer sitzen, sehen Sie einen Kahn, der langsam näher kommt … Als er die Stelle am Ufer erreicht, wo Sie sitzen, senkt sich der Anker … Sie schleifen den Sack mit den Steinen zum Kahn und werfen ihn hinein … Dann gehen Sie – ganz in dem Bewusstsein, dass Sie soeben Ihren ganzen Ballast auf dem Kahn abgeladen haben – langsam zu der Stelle am Ufer zurück, wo Sie gesessen sind, und lassen sich dort erneut nieder … Nun sehen Sie dem Kahn zu, wie er seine Fahrt wieder aufnimmt und sich von der Strömung getragen vom Ufer entfernt … Er steuert auf die Mündung des Flusses zu … Der Kahn wird immer kleiner, bis er nur noch ein kleiner Punkt am Horizont und schließlich ganz verschwunden ist … Er hat alles mit sich genommen, was Sie gehen lassen, was Sie loslassen wollten … Sie fühlen sich leicht, unbeschwert und befreit … Sie lassen sich vom milden, wohltuenden Licht der untergehenden Abendsonne erfüllen … Sie fühlen sich friedvoll und heiter … Sobald Sie dazu bereit sind, wenden Sie Ihre Aufmerksamkeit wieder Ihrem Körper zu, wie er da liegt oder sitzt … Werden sich wieder Ihrer Atmung bewusst … Dann bewegen Sie langsam Ihre Finger und Zehen und öffnen schließlich die Augen.

Die Lichtkugel

Legen oder setzen Sie sich bequem hin und richten Sie Ihre Aufmerksamkeit auf Ihre Atmung ... Atmen Sie langsam ein und aus, während Ihr Körper sich entspannt ... Wenn Ihr Körper völlig entspannt ist, stellen Sie sich all die Gedanken, die Sie loslassen wollen, alle hinderlichen Glaubenssätze und allen Groll als kleine Wölkchen in Ihrem Kopf vor ... Visualisieren Sie nun eine Lichtkugel, die über Ihrem Kopf erscheint ... Ihr wohltuendes, sanftes Licht vermag alle negativen Gedanken aufzulösen, die Sie loslassen möchten ... Dieses wohltuende, sanfte Licht tritt nun langsam in Ihren Kopf ein, und während es immer tiefer eindringt, klärt und reinigt es alle Gedanken, die Sie gehen lassen möchten, und lässt sie schließlich ganz verschwinden ... All diese kleinen Wolken negativer Energie lösen sich auf ... Je mehr Licht Ihren Kopf erfüllt, desto entspannter und friedvoller fühlen Sie sich ... Lassen Sie das Licht in Ihren ganzen Körper strömen ... Beobachten Sie, wie es Ihre Brust ausfüllt ... Ihre Atmung wird ruhig und sanft ... Ihr Herzschlag wird ruhig ... Dann erfasst das wohltuende Licht den Unterleib ... Es befreit und reinigt Ihren Körper bis in die Zehen ... Sie fühlen sich wohl und entspannt ... Das Licht hat alle Gedanken, die Sie loslassen wollten, mit sich genommen ... Ersetzen Sie diese durch positive Gedanken und Gefühle wie Dankbarkeit für all das Gute, das Ihnen das Leben geschenkt hat ... Werden Sie sich nun langsam wieder Ihrer Atmung bewusst ... Bewegen Sie zunächst Finger und Zehen in Ihrem Rhythmus ...

Dann kehren Sie langsam in den Raum zurück, in dem Sie sich befinden, bereit, sich wieder Ihren Aufgaben zuzuwenden oder den Tag ausklingen zu lassen.

Sorgen und Ängste einer »höheren Macht« übergeben

Viele von uns lassen ihre Sorgen und Probleme los, indem sie sie einer »höheren Macht« übergeben – egal ob sie dieses »Andere« nun Gott, Jesus Christus, Allah oder »höheres Bewusstsein« nennen. Als Nächstes möchten wir Ihnen daher eine Visualisierung vorstellen, die sich an diese Kraft wendet und von zahlreichen Menschen als sehr hilfreich empfunden wird:

Setzen oder legen Sie sich bequem hin und richten Sie Ihre Aufmerksamkeit auf den natürlichen Fluss Ihrer Atmung … Lassen Sie alle Anspannung ganz sanft los … Sie werden immer entspannter und gelöster … In diesem Zustand tiefer Entspannung machen Sie sich bewusst, was Sie bedrückt oder besorgt … Vielleicht ist es ein Problem am Arbeitsplatz, vielleicht machen Sie sich aber auch Sorgen um einen Menschen, der Ihnen nahesteht … Stellen Sie sich nun vor, wie Sie den Menschen, um den Sie sich sorgen, oder das Problem, das Ihnen zu schaffen macht, in eine Schachtel packen und diese in wunderschönes Geschenkpapier einschlagen … Dann steigen Sie mit dieser Schachtel, die ganz leicht ist, eine lange Treppe hinauf, an deren oberem Ende Sie eine Verkörperung der höheren Macht erwartet … Sie lächelt Ihnen zu und streckt Ihnen die Arme entgegen, bereit, Ihre Sorgen und Probleme entgegenzunehmen … Stellen Sie die Schachtel zu Füßen der höheren Macht ab … Warten Sie, bis diese die Schachtel geöffnet und den darin befindlichen Menschen oder das Problem umarmt hat … Sie spüren, dass sie sich um alles kümmern wird und dass Sie ihr vollkommen vertrauen können … Anschließend machen Sie sich auf den Rückweg und gehen die Treppe hinunter … Auf halbem Wege wenden Sie sich noch einmal um und hören, wie die höhere Macht zu Ihnen sagt: »Geh in Frieden, ich werde für alles sorgen, was du mir anvertraut hast.« … Heiter und ruhig setzen Sie Ihren Weg die Treppe hinunter fort, unbeschwert von allen Sorgen, die Sie bedrückt haben … Locker und entspannt wenden Sie Ihre Aufmerksamkeit wieder Ihrer Atmung zu und kehren langsam in den Raum zurück, in dem Sie sich befinden …

6

Loslassen und Spiritualität

In den vergangenen Jahren haben sich viele Philosophen und Denker mit der Frage beschäftigt, wie wir unsere spirituelle Seite entwickeln können. Jeder von ihnen lehrt auf seine Weise einen Weg, der den Menschen zur Erkenntnis seiner spirituellen Dimension führen soll.

Wie jedoch dieser Weg und seine Stufen im Einzelfall auch aussehen mögen, allen Ansätzen gemeinsam ist, dass sie – wie alle großen religiösen Traditionen – uns die Notwendigkeit des Loslassens lehren.

Eines Tages suchte ein Gelehrter einen spirituellen Meister auf und bat ihn, ihn in den Pfad der Weisheit einzuführen.

Der Meister gab darauf nichts zur Antwort, sondern goss seinem Besucher eine Tasse Tee ein. Die Tasse war längst gefüllt, doch der Meister goss

weiter ein, sodass die Tasse überlief und der Tee
sich auf dem Boden verteilte.
»Was tut Ihr da?«, fragte der Gelehrte ärgerlich.
»Ihr seid wie diese Teetasse«, antwortete der Meis-
ter. »Angefüllt bis zum Überfließen mit Ansichten,
Plänen und Wünschen. Solange Ihr Eure Tasse
nicht ganz geleert habt, ist darin kein Raum für die
Weisheit, die Ihr sucht.

Jeder spirituelle Pfad enthält das Element des Loslassens.

Sich von Gewissheiten lösen

Unsere spirituelle Seite zu würdigen bedeutet zu
akzeptieren, dass es unabdingbar zu unserem Leben gehört, zu wachsen, uns zu ändern und an uns
zu arbeiten. Dazu gehört auch die Bereitschaft,
überkommene »religiöse« Gewissheiten infrage zu
stellen, wie sie von den einzelnen Traditionen ge-
lehrt werden.
Dies setzt voraus, dass wir uns von vereinfachen-
den Kategorien und Definitionen von »Gut« und
»Böse« verabschieden und uns auf das Wagnis ein-
lassen, alte Selbstverständlichkeiten in einem neu-
en Licht zu betrachten. Alte Sichtweisen loszulas-

sen kann uns manchmal recht erschreckend und gefährlich erscheinen, doch ermöglicht es uns ungeahnt tiefe Erfahrungen.

Wir erinnern uns noch gut an den Tag, als wir die Deutung des Sündenfalls des bekannten Rabbiners und jüdischen Philosophen Harold Kushner lasen. Kushner interpretiert nämlich – gestützt auf die jüngsten Erkenntnisse der Bibelwissenschaften – die Erzählung von Adam und Eva, die im Garten Eden den verbotenen Apfel pflücken und essen, keineswegs als Parabel über Ungehorsam und Strafe. Das Pflücken des Apfels beschreibt für ihn vielmehr den Übergang, den der Mensch vom Animalischen zum vollen Menschsein, in dem auch Gut und Böse existieren, vollzieht. Durch diesen Akt wird der Mensch gänzlich zum Mitwirkenden der Schöpfung und tritt in seine Verantwortung ein.

Wer aufrichtig einen spirituellen Pfad beschreiten will, muss bereit sein, sich anderen Sichtweisen und Auffassungen zu öffnen, sich auf andere Interpretationen dessen einzulassen, was er bisher für wahr gehalten hat.

Loslassen, was nicht zu unserem Wesenskern gehört

Graf Dürckheim beschreibt den spirituellen Pfad als Kontaktaufnahme mit unserer innersten Essenz, die sich nach einer innigen Verbindung mit dem »ganz Anderen« – wie auch immer wir es benennen mögen – sehnt. Um aber mit unserer innersten Essenz in Kontakt treten zu können, müssen wir alle »weltlichen«, unserer materiellen Existenz zugehörigen Sorgen loslassen.

Tatsächlich ist es ja oft so, dass sich unser Dasein nahezu ausschließlich um die Erfüllung materieller Bedürfnisse dreht: mehr leisten, mehr verdienen, Erfolg haben, es weiter bringen, ein politisches Amt erringen, einen Chefposten bekommen, die Kinder aufziehen, ein Haus bauen, ein schickeres Auto kaufen, sich um die Altersvorsorge kümmern, den nächsten Urlaub planen, abnehmen, einen Friseurtermin vereinbaren, Sport machen … die Liste ließe sich endlos fortsetzen.

Unser weltliches Ich ist so sehr mit den Anforderungen des Alltags beschäftigt, dass ihm keine Zeit mehr bleibt, mit seinem Wesenskern und dem ganz Anderen in Verbindung zu treten. Erst wenn wir behutsam alles loslassen, was nicht wesentlich zu uns gehört, kann unsere spirituelle Seite wachsen und sich entwickeln.

Sich frei machen von Werturteilen

Unsere spirituelle Seite zu entwickeln heißt zudem, damit aufzuhören, Werturteile über uns selbst und unsere Mitmenschen zu fällen. Meist haben wir uns im Laufe unseres Lebens angewöhnt, Menschen in Schubladen zu stecken: die Guten, die Bösen, die Ehrlichen, die Lügner, die Schwarzen, die Weißen, die, die dazugehören, und die, die nicht dazugehören, die Gewinner und die Verlierer, die Rechtgläubigen und die Falschgläubigen … Solche Kategorisierungen mögen uns zwar vordergründig helfen, mit der Welt leichter zurechtzukommen, dennoch wiegen sie uns in falscher Sicherheit, weil sie uns den Eindruck vermitteln, alles im Griff zu haben. Mit wahrer Spiritualität sind sie daher nicht vereinbar.

»Richtet nicht, damit ihr nicht gerichtet werdet.«
Matthäus 7:1, Lutherbibel 1912

Um zu unserem Wesenskern zu finden, müssen wir alles Schubladendenken und sämtliche Werturteile loslassen. Der Andere – unser Partner, unser Freund, unser Kollege – ist ein eigenständiger Mensch, und wir haben keinerlei Ansprüche, was ihn betrifft. Unsere einzige Aufgabe ist es, ihm mit der größtmöglichen Offenheit zu begegnen und ihn zu ermutigen, seinen Weg zu gehen, selbst wenn dies ein völlig anderer als der unsere ist und wir ihn nicht verstehen. Kein Mensch hat »rechter« als der andere, und jeder ist für sein Leben selbst verantwortlich. Und jeder von uns kann Zugang zu seiner spirituellen Dimension finden. Eine Voraussetzung dafür ist, dass wir loslassen.

Schlusswort

Loslassen ist eine Form der Lebensführung, ein praktischer Lebensweg, eine Fähigkeit, die es uns ermöglicht, uns an der ganzen Fülle unseres Daseins zu erfreuen. Indem wir loslassen, lösen wir unsere geistigen Fesseln, streifen alle Bürden ab und machen damit der Freude und dem Glück in unserem Leben Platz.

Mit offenen Händen vertrauensvoll auf das zuzugehen, was kommt, während wir uns unsere hinderlichen Glaubenssätze, unsere Abhängigkeiten, unsere falschen Gewissheiten und Werturteile bewusst machen und uns von ihnen verabschieden – das ist der Weg, der uns zur Essenz unseres Daseins führt.

Auf den vorangegangenen Seiten haben wir versucht, den weit gespannten Begriff des »Loslassens« etwas präziser zu fassen. Es ist unsere Hoffnung, dass Sie, liebe Leser, die uns bis hierher gefolgt sind, unsere Einladung annehmen und sich vertiefend mit diesem Thema befassen, um durch eigene Erfahrung zu entdecken, was Sie im ganz normalen Alltagsleben durch Loslassen gewinnen können.

Literatur

Beattie, Melody: *Die Sucht, gebraucht zu werden*, Heyne: München ⁸2004.

Dies.: *Unabhängig sein. Jenseits der Sucht, gebraucht zu werden*, Heyne: München 1995.

Berne, Eric: *Was sagen Sie, nachdem Sie »Guten Tag« gesagt haben? Psychologie des menschlichen Verhaltens*, Fischer: Frankfurt am Main ²²2012.

Chopra, Deepak: *Das Buch der Lösungen. Spirituelle Antworten auf alle Lebensfragen*, übers. von Andrea Panster, Arkana: München 2012.

de Mello, Anthony: *Das Leben neu entdecken: Aufwachen zum Glück*, übers. von Ulrike Strerath-Bolz, Herder: Freiburg im Breisgau 2013.

Ders.: *Die Fesseln lösen. Einübung in erfülltes Leben*, übers. von Irene Johna, Herder: Freiburg im Breisgau 2012.

Dürckheim, Karlfried Graf: *Mein Weg zur Mitte. Gespräche mit Alphonse Goettmann*, Herder: Freiburg im Breisgau 2001.

Epstein, Gerald: *Gesund durch die Kraft der Vorstellung. Ein Übungsbuch*, Kösel: München 1992.

Fox, Matthew: *Vision vom kosmischen Christus. Aufbruch ins dritte Jahrtausend*, übers. von Jörg Wichmann, Kreuz: Stuttgart 1991.

Gawain, Shakti: *Stell dir vor. Kreativ visualisieren*, übers. von Siegfried Berger, Rowohlt: Reinbek bei Hamburg 2004.

Goulding McClure, Mary/Goulding, Robert L.: *Neuentscheidung. Ein Modell der Psychotherapie,* übers. von Ursula und Friedemann Pfäfflin, Klett-Cotta: Stuttgart ⁷2007.

Huber, Michaela: *Der innere Garten. Ein achtsamer Weg zur persönlichen Veränderung*, Junfermann: Paderborn ⁵2006.

Hühn, Susanne: *Was dir Kraft gibt. Kleine Rituale für das tägliche Glück*, Schirner: Darmstadt [2]2010.

Keyes, Ken: *Anleitung zum Glücklichsein. So finden Sie Ihr persönliches Glück*, Seehamer: Weyarn 2000.

Krystal, Phyllis: *Loslassen. Das Handbuch*, Allegria: Berlin 2005.

Kushner, Harold: *Warum Eva vom Apfel aß oder Die Kunst, sich und anderen Fehler zu verzeihen*, Droemer Knaur: München 1997.

Mazza, Ernestina Sabrina: *Der Weg zur emotionalen Selbständigkeit. Emotionale Verletzungen heilen und erfüllende Beziehungen leben*, akademie bios: Graz 2012.

Mellody, Pia: *Verstrickt in die Probleme anderer. Über Entstehung und Auswirkung von Co-Abhängigkeit*, Kösel: München [12]2013.

Monbourquette, Jean: *Vergeben lernen in zwölf Schritten*, übers. von Uwe Hecht, Mathias-Grünewald-Verlag: Ostfildern 2010.

Moody, Harry R.: *Sinnkrisen in der Mitte des Lebens. Spiritualität und Erfüllung – ein Prozeß in fünf Schritten*, Droemer Knaur: München 1997.

Müller-Kainz, Elfrida/Haidu, Hedwig: *Loslassen. Als Lebenshilfe und Heilung*, Heyne: München 2011.

Müller-Lissner, Adelheid: *Verzeihen können – sich selbst und anderen. Ein Schlüssel zu mehr Lebensglück*, Herder: Freiburg im Breisgau 2014.

Peale, Norman Vincent: *Du kannst, wenn du glaubst, du kannst*, Ariston: Genf 1988.

Poletti, Rosette/Dobbs, Barbara: *Loslassen* (= Das kleine Übungsheft), übers. von Claudia Seele-Nyima, Trinity: München [5]2014.

Rautenberg, Werner/Rogoll, Rüdiger: *Werde, der du werden kannst. Persönlichkeitsentfaltung durch Transaktionsanalyse*, Herder: Freiburg im Breisgau [20]2011.

Smedes, Lewis: *Vergeben und vergessen. Über die heilende Kraft der Vergebung*, Francke-Buchhandlung: Marburg an der Lahn 2001.

Sogyal Rinpoche: *Funken der Erleuchtung*, übers. von
Thomas Geist, O.W. Barth: München 2010.

Stewart, Ian/Joines, Vann: *Die Transaktionsanalyse*, übers.
von Werner Rautenberg, Herder: Freiburg im Breisgau
[11]2000.

Stutz, Pierre: *Alltagsrituale. Wege zur inneren Quelle*, Kösel:
München [4]2003.

Tepperwein, Kurt/Aeschbacher, Felix/Rupprecht-Stroell,
Birgit: *Loslassen, was nicht glücklich macht. Der Weg zur
inneren Freiheit,* mvg: München [19]2005.

Tolle, Eckhard: *JETZT! Die Kraft der Gegenwart. Ein
Leitfaden zum spirituellen Erwachen*, übers. von
Christine Bolam und Marianne S. Nentwig, J. Kamp-
hausen: Bielefeld 2000.